JN085602

2025

武田薬品工業の就活ハンドブック

就職活動研究会 編
JOB HUNTING BOOK

はじめに

　2021年春の採用から，1953年以来続いてきた，経団連（日本経済団体連合会）の加盟企業を中心にした「就活に関するさまざまな規定事項」の規定が，事実上廃止されました。それまで卒業・修了年度に入る直前の3月以降になり，面接などの選考は6月であったものが，学生と企業の双方が活動を本格化させる時期が大幅にはやまることになりました。この動きは2022年春そして2023年春へと続いております。

　また新型コロナウイルス感染者の増加を受け，新卒採用の活動に対してオンラインによる説明会や選考を導入した企業が急速に増加しました。採用環境が大きく変化したことにより，どのような場面でも対応できる柔軟性，また非接触による仕事の増加により，傾聴力というものが新たに求められるようになりました。

　『会社別就職ハンドブックシリーズ』は，いわゆる「就活生向け人気企業ランキング」を中心に，当社が独自にセレクトした上場している一流・優良企業の就活対策本です。面接で聞かれた質問にはじまり，業界の最新情報，さらには上場企業の株主向け公開情報である有価証券報告書の分析など，企業の多角的な判断・研究材料をふんだんに盛り込みました。加えて，地方の優良といわれている企業もラインナップしています。

　思い込みや憧れだけをもってやみくもに受けるのではなく，必要な情報を収集し，冷静に対象企業を分析し，エントリーシート作成やそれに続く面接試験に臨んでいただければと思います。本書が，その一助となれば幸いです。

　この本を手に取られた方が，志望企業の内定を得て，輝かしい社会人生活のスタートを切っていただけるよう，心より祈念いたします。

就職活動研究会

Contents

第**1**章

武田薬品工業の会社概況

会社によって選考方法は千差万別。面接で問われる内容や採用スケジュールもバラバラだ。採用試験ひとつとってみても，その会社の社風が表れていると言っていいだろう。ここでは募集要項や面接内容について過去の事例を収録している。

また，志望する会社を数字の面からも多角的に研究することを心がけたい。

✔ 企業理念

私たちの企業理念は、私たちはどういう存在なのか、何をどう成し遂げていくか、そしてなぜそれが大切なのかを問いかけてくるものです。そして、いかに力を合わせて「世界中の人々の健康と、輝かしい未来に貢献する」のかを示しています。

この企業理念は、タケダが積み重ねてきた歴史と伝統を今日の私たちのあらゆる活動に活かすために作られました。その目的は、私たちの存在意義、目指す未来、価値観であるタケダイズム、そして約束を実現することです。

私たちの存在意義

タケダは、世界中の人々の健康と、輝かしい未来に貢献するために存在します。

私たちの価値観：タケダイズム

タケダイズムとは、まず誠実であること。

それは公正・正直・不屈の精神で支えられた、私たちが大切にしている価値観です。

私たちはこれを道しるべとしながら、「1. 患者さんに寄り添い（Patient）2. 人々と信頼関係を築き（Trust）3. 社会的評価を向上させ（Reputation）4. 事業を発展させる（Business）」を日々の行動指針とします。

タケダイズムは、私たちはどのような存在か、いかに行動すべきかを示しています。

1. 患者さんに寄り添い (Patient)

2. 人々と信頼関係を築き (Trust)

3. 社会的評価を向上させ (Reputation)

4. 事業を発展させる (Business)

　を日々の行動指針とします。

私たちが目指す未来

すべての患者さんのために、ともに働く仲間のために、いのちを育む地球のために。

私たちはこの約束を胸に、革新的な医薬品を創出し続けます。どのような企業でありたいかを示し、それを実現するために向かうべき方向を示しています。

私たちの約束

私たちには、患者さんやともに働く仲間、ステークホルダーの皆さん、事業を展開する地域社会に対する責任があります。この約束は、私たちが人々からの敬意に値するパートナーとして、意義ある社会貢献を続け、地球規模の課題の解決につながる持続可能な事業戦略を維持していくという決意を意味します。患者さん、ともに働く仲間、いのちを育む地球のために取り組み、タケダの存在意義と私たちの目指す未来を実現していきます。

✔ 会社データ

グローバル本社	〒103-8668　東京都中央区日本橋二丁目12番10号 TEL：03- 3278- 2111(代表) FAX：03- 3278- 2000(代表)
大阪	〒540-8645　大阪市中央区道修町四丁目1番1号 TEL：06- 6204- 2111(代表) FAX：06- 6204- 2880(代表)
創業	1781年（天明元年）6月12日
設立	1925年（大正14年）1月29日
代表者	代表取締役 社長CEO　クリストフ・ウェバー
資本金	1兆6,763億円 ※2023年3月末時点
従業員数	5,486名（単体）　49,095名（連結） ※2023年3月末時点
株主総数	609,583名 ※2023年3月末時点
事業内容	医薬品等の研究開発・製造・販売・輸出入

✔ 先輩社員の声

国家事業のワクチン製造に，自分のアイデアがダイレクトに影響する。責任もやりがいも大きな仕事です。

【技術研究職（ワクチン）／ 2010 年入社】

Q. どんな仕事をしていますか？
A. パンデミックインフルエンザワクチンの製造ライン立ち上げ・改善を担当する技術職です。
光工場で，インフルエンザワクチン製造の技術職に就いています。
2009 年の新型インフルエンザによるパンデミック発生を受け，タケダは国家事業として新型インフルエンザワクチンの製造ラインを立ち上げることになりました。私は入社 2 年目の 2012 年から，チェコに工場を持つ会社から光工場へのインフルエンザワクチン製造技術の技術移管を担当しました。ここでいう技術移管とは，技術移管元（＝チェコ工場）と同等の品質のワクチンを光工場で製造できるようにするための業務を指します。具体的には種々の実験計画の策定や，製造に用いる手順書の作成業務などを担当しました。承認取得後の現在も製造現場に残り，技術担当として生産設備を稼動させるプログラムなど諸々の変更業務を主に行っています。

Q. タケダを選んだ理由は？
A. ワクチンを扱う企業としての規模の大きさと，グローバル展開に魅力を感じました。
大学院で微生物を扱う研究室に所属していたので，製薬企業の中でもワクチンを扱う企業であればより自分の専門性を活かせるのではないかと考えていました。
武田薬品は国内のワクチンメーカーの中でも会社としての規模が大きく，さらにグローバルな展開を見据えていた点が魅力的でした。また，ワクチンだけでなく，低分子医薬品や抗体医薬といった製品群を持っていて，社内にさまざまなノウハウが蓄積されている点も強みだと思います。

Q. 仕事の一番のおもしろさ，やりがいは？
A. 自分のアイデアが，ワクチン製造の現場にダイレクトに反映されることです。
私が技術移管を担当したインフルエンザワクチンの製造ライン立ち上げは，240 億円の国家予算が投入された大規模なプロジェクトでした。"承認取得まで 2 年" という時間的余裕のないプロジェクトで，製造ラインの稼動が始まったばかりの時期は小さなトラブルが多発し，限られた時間の中でそれらに対応していくことは非常にタフな仕事でした。しかし，結果として当初予定していた期間内に承認を取得することができ，"今後パンデミックが発生した際には国内でワクチンを製造・供給できる体制を整える" という国家事業に大きく貢献できました。また，これは潜在的に多くの方の生命への貢献につながることであり，非常に大きな達成感を得ることができました。現在は，生産効率を向上させるなどの改善を目的に，インフルエンザワクチンの製造技術に関するアイデアを出す仕事をしていますが，そのアイデアが実際に製造現場に反映され，形になっていくのを見るのはおもしろいですね。

研究技術職 (ファーマシューティカル・サイエンス)

●シンセティックモレキュール・プロセスデベロップメント (SMPD) 研究員者

業務内容	シンセティックモレキュール・プロセスデベロップメント (SMPD) では、高純度・高品質かつ安価な新規化学合成医薬品原薬を安定的に大量供給できる環境調和型の製造プロセスを開発しています。 反応・粒子工学の知識・経験を利用し、各単位操作の検討におけるスケールダウンモデルの開発やCDMOへの技術移管を行います。 プロセス解析工学 (PAT) と数理モデル (統計および第一原理モデル) を組み合わることで、製造プロセスへの理解を深め、より効率的なプロセスの開発、最適化、スケールアップおよびトラブルシューティングを行います。またスケールダウンモデルを利用したバッチおよび連続プロセスの革新的なプロセスコントロール戦略の実装を支援します。 SMPD内の化学工学技術者として、その専門性を活かし開発プロジェクトに貢献します。 各人が特定の技術分野の専門家 (SME) として、部門の主要テクノロジーの開発を支援します。また外部委託による製造および技術開発に加え、アカデミックおよび医薬業界の外部パートナーとの基礎的共同研究を当社・部門の代表として管理・運営します。
応募資格	【専攻】化学、化学工学、農学 【要件】博士卒 (アカデミック、ポスドク経験および医薬業界での業務経験は問わない)、修士卒または学士卒 で、いずれも化学工学の学位が有する方 数理モデル (統計および第一原理モデル) の使用経験・スキルがあることが望ましい 反応速度論モデルやプロセスモデルの構築経験・スキルがあることが望ましい プロセス解析工学(FT-IR、NIR、FBRM、UV-visなど) の使用経験があることが望ましい 種々分析法構築の経験があれば尚可 多分野にわたるチーム環境での業務経験 学会・セミナー・査読付き学術論文などでの発表実績がある方

総合職

業務内容	入社後、第一線でのMR(医薬情報担当者)としての経験をベースに、ご自身のキャリアビジョンに応じて複数のファンクションや海外での活躍、将来の経営に携わるようなキャリアを描くことが可能です。入社後のMRとしてのキャリアは患者さんや医療従事者にもっとも近く働くことができ、製薬企業のビジネスや社会的役割を十分に理解して頂くことで将来目指したいキャリアを描けるようになります。　MRとしての経験や知見、成功体験を積み重ねていただき、ご自身の選択とパフォーマンス成果に応じて更なるキャリアアップや多様なキャリアを築いていくことができます。
応募資格	【専攻】全学部・全学科 【要件】2025年3月に博士後期課程（ドクターコース）・博士前期課程（修士課程）修了　もしくは6年制大学・4年制大学を卒業される方、卒業後3年以内の既卒の方（2022年3月以降に博士後期課程・博士前期課程を修了もしくは6年制大学・4年制大学を卒業された方）も対象になります。 グローバル人材として活躍することに高い意欲をお持ちの方、チャレンジ精神がある方、知的好奇心が強く、創造的で、やり遂げるまで諦めない粘り強さのある方、タケダイズムに共感し、患者さんのためにタケダの将来に向かって成長できる方を求めています。

研究職（ファーマシューティカル・サイエンス）

●バイオセラピューティクス・プロセス・デベロップメント(BPD)：医薬品のバイオプロセス開発研究者

業務内容	バイオ医薬品を対象にプロセス開発用の研究設備と治験原薬供給用の製造研究設備を所有し、ラボスケールから生産スケールまで一貫して製品化に関わる研究開発を行います。 がん領域や中枢神経領域および希少疾病等を治療するためのバイオ医薬品をスピーディーに患者さん届けるべく、ボストンとウイーンにある研究所と強く連携しながら独創的な先端研究を続けています。
応募資格	【専攻】理科系全般（生物/バイオ、化学、化学工学、薬学、農学、システム工学、情報科学/工学など） 【要件】2025年3月に修士課程、博士課程を修了、もしくは6年制大学を卒業される方／英語力：ビジネスレベル。TOEIC700点程度(以上)が望ましい／対外発表：学会・学術論文などの発表実績（または予定）

研究職（リサーチ）
●Drug Discovery Sciences LNP Platform 研究員

業務内容	武田薬品の重点疾患領域（がん、消化器、神経疾患）に革新的な治療法をもたらすLNP技術の研究開発を行います。
応募資格	【専攻】LNP　ナノ粒子製剤　有機合成化学　創薬化学　物理化学　生化学　材料化学　生体材料工学　高分子化学 【要件】博士号もしくは修士号を2025年3月までに取得見込みまたは既に取得されている方、もしくは6年制大学を卒業される方で、2025年4月1日までに入社可能な方 研究に関する英語でのコミュニケーションが可能な方。英語でのコミュニケーションスキル向上に積極的な方。 海外研究拠点とのコミュニケーションのために、在宅勤務等を活用して変則的な勤務にも柔軟に対応できる方。 英語力目安：TOEIC730点程度以上 海外出張の可能な方。 研究プロジェクトのリーダー候補として、主体的に思案・行動できる方。 研究・実験の好きな方。 創意工夫、試行錯誤による問題解決の得意な方。 研究に付随する会議や研究室運営等、研究活動の遂行に必要な様々な局面とその繁忙に柔軟に対応できる方。 人が好きな方。人に物事を教える事が好きな方。人から物事を教わる事が好きな方。

●ニューロサイエンス創薬ユニット 研究員（NS-DDU-biology）

業務内容	ニューロサイエンス創薬ユニットは、治療薬の無いもしくは充足していない神経変性疾患及び神経筋疾患の治療薬の研究開発をしています。バイオロジー部門ではiPS細胞などを用いて疾患のモデル作成やターゲット探索を行うグループや様々なモダリティの治療薬の薬効評価を通じて臨床開発候補品を選出し臨床開発に進めるグループ、バイオマーカー研究を中心に非臨床から臨床への橋渡しをするトランスレーショナルメディスンのグループなどがあります。
応募資格	【専攻】医学、生物系、神経科学分野に関連する専門性を有する方 【要件】博士号を2025年3月までに取得見込みまたは既に取得されている方で、2025年4月1日に入社可能な方／英語力：ビジネスレベル。ユニットヘッド、社内外の外国人研究者との英語でのコミュニケーションを必要とします。／ニューロサイエンスにおいて幅広い疾患領域での創薬研究に興味をお持ちの方

●ニューロサイエンス創薬ユニット NCE プロダクション研究所　研究員
（NS-NCEL）

業務内容	NCE プロダクション研究所は、「適切なターゲットに対し、適切な化学物質を創出する」という原則にもとづき、患者さんのために革新的な治療薬を作り出せるベストインクラスの組織です。医薬品の研究開発を前進させるために最先端の化学および生物学を用い、社内外のパートナーと協力しながら新規化学物質のデザインおよび生産を立案かつ実施し、医薬品候補化合物の創出に貢献することを目的としています。
応募資格	【専攻】大学院で有機化学・有機合成化学・医薬品化学・創薬化学・核酸化学・生化学・情報工学（AI、データサイエンスなど）分野研究の経験を有する方 上記分野の実験操作に関する、専門的技術 【要件】博士号もしくは修士号を 2025 年 3 月までに取得見込みまたは既に取得されている方、もしくは同等以上の経験者で、2025 年 4 月 1 日までに入社可能な方 英語力：ビジネスレベル。ユニットヘッド、社内外の外国人研究者との英語でのコミュニケーションを必要とします。 短期間で上位ポジションにステップアップしていただき、将来的にマネジメント職につくことを期待されているポジションで業務を遂行することを積極的に希望される方

メディカルサイエンスリエゾン（MSL/HOL）

業務内容	メディカルサイエンスリエゾン（MSL/HOL）は、科学・臨床の専門家として、キーオピニオンリーダー（KOL）・医療従事者・学会・大学関係者とのコミュニケーションを通じて、専門性の高い医科学的情報の提供、理解促進、意見聴取を行います。また、ジャパンメディカルオフィス（JMO）内だけでなく、グローバルメディカル、グローバル R&D メンバーと部門横断的に、また、コマーシャル部門と適切に協力して、タケダ製品の価値の最適化・患者さんのヘルスアウトカム向上に向けた各種メディカル活動（エビデンス創出、メディカルカンファレンス等）の計画・実施に貢献します。
応募資格	【専攻】理系全般 【要件】2025 年 3 月に博士後期課程（ドクターコース）を終了される方

共通項目

初任給	＜研究職、研究技術職、開発職、生産技術職、総合職、Global Business Solutions Specialist＞ 博士卒＝335,000円　修士卒＝301,000円 学部卒＝277,000円 （2023年度実績）
諸手当	通勤交通費，借家補助費，時間外手当など
昇給・賞与	昇給＝原則年1回，賞与＝年2回
勤務地	本社／大阪、東京 支店／札幌、仙台、東京、名古屋、京都、大阪、神戸、 　　　福岡ほか 営業所／全国各都市 研究所／湘南、成田 ※将来的に国内外の各事業所へ異動あり 工場／大阪、山口、成田
勤務時間	工場（大阪・山口）＝8:00〜16:45 成田工場・成田研究所＝8:45〜17:15 湘南研究所＝9:00〜17:45 その他＝9:00〜17:30 （実働7時間45分） MR業務に従事する者＝フレックスタイム制を適用
休日	土曜、日曜、祝日、メーデー、年末年始など （年間123日程度）
休暇	年次有給休暇、特別有給休暇、産前産後休暇、ファミリーサポート休暇、育児休暇、子の看護休暇、介護休暇、ボランティア休暇
社会保険	健康保険、厚生年金保険、雇用保険、労災保険

✔2023年の重要ニュース _(出典:日本経済新聞)

■武田薬品、中国企業と大腸がん薬の販売契約　4億ドルで（1/24）

　武田薬品工業は24日、中国バイオ企業のハッチメッドと、同社が中国で販売する大腸がん用抗がん剤「フルキンチニブ」を他地域で販売するライセンス契約を結んだと発表した。中国、香港、マカオを除く地域で武田が販売する。

　武田はハッチメッドに一時金として4億ドル（約520億円）を支払う。開発などの進捗に応じたマイルストーン報酬として、7億3000万ドルを支払う可能性がある。

　フルキンチニブは経口の分子標的薬で、ハッチメッドは米食品医薬品局（FDA）に対し段階的申請を始めた。米国で2024年の承認を目指している。

　食生活の変化や飲酒などで、大腸がんの患者数は男女ともに増えている。大腸がんは比較的進行が遅いとされ、早期発見すれば治療できる可能性は高い。ただ完治が見込みづらい転移性の患者などもいる。フルキンチニブはこうした患者に治療の選択肢を増やす。

■武田薬品、ブラジルでデング熱ワクチンの承認取得（3/14）

　武田薬品工業は14日、デング熱ワクチン「キューデンガ」がブラジルで承認を得たと発表した。デング熱の流行するインドネシアや欧州などで承認を得ており、ブラジルでは2023年中の販売を見込んでいる。重症化を防ぐ効果が高いとされており、米国でも承認申請した。

　ブラジルの国家衛生監督庁（ANVISA）が4歳以上から60歳までを接種対象とし、キューデンガを承認した。デング熱は蚊が媒介するウイルス感染症で、毎年3億9000万人が感染し約2万〜2万5000人が死亡するとされる。

　ブラジルでは感染が拡大傾向にあり、22年のデング熱による死亡者数は1000人超、同年の症例数は140万例だった。

　キューデンガは複数のデングウイルスに有効で、感染歴に関する検査を必要としない。競合製品は感染経験がある人のみにしか使えず、患者数の多いとされる9歳未満の小児には使えないといった課題があった。

■武田薬品のがん治療支援アプリ、国立がん研と共同研究（4/26）

　武田薬品工業と医療スタートアップのMICIN（マイシン、東京・千代田）は、

がん患者の治療生活を支援するアプリ開発で国立がん研究センターと共同研究契約を締結した。婦人科がんおよび乳がん患者を対象にした臨床試験（治験）で武田薬品とマイシンが開発・運用しているアプリを導入し、機能を解析、評価する。

　アプリは患者自身が日常の健康状態データを記録し医療機関と共有できる機能や、患者に疾患や治療に関する情報を提供する機能が搭載されている。がん患者がアプリを活用し自身の状態を把握、適切な対処行動をとれるようにすることで、薬物療法中においても日常生活が送りやすくなることを目指す。

　共同研究では武田薬品とマイシンがアプリの運用と解析を実施、国立がん研究センターは臨床的観点からの助言などをする。武田薬品とマイシンはアプリ開発を今後も進め、将来的には医療機器承認取得を目指している。

■武田薬品、医薬品を鉄道輸送　2024年問題に対応（9/28）

　武田薬品工業は28日、国内の医薬品輸送の一部をトラックから鉄道に切り替えると発表した。三菱倉庫やJR貨物と連携し、保管倉庫から医薬品卸センターへの長距離輸送に鉄道を活用する。物流業界の人手不足が懸念される「2024年問題」に対応するほか、二酸化炭素（CO_2）の排出削減を目指す。

　10月から関東―東北間で導入し、順次拡大する。倉庫から卸センターへのトラックでの輸送は少なくとも1日1回で、これを鉄道に切り替える。鉄道の拠点から現地のセンター間の輸送はトラックを利用する。切り替えた輸送ルート内でのCO_2排出量を、現在よりも約60％削減できるとみている。

　医薬品輸送は温度管理などが課題だ。温度管理ができる鉄道用コンテナを使い、医薬品の流通で定められた基準をクリアした。また三菱倉庫と共同で開発した輸送過程を可視化するシステムを使い、コンテナの温度情報や位置情報を常に把握できる体制を整えた。

✔2022年の重要ニュース （出典：日本経済新聞）

■武田薬品、国内の新薬3割増　希少疾患など25年度までに（5/31）

　武田薬品工業は日本で2025年度までに、5つの重点疾患領域での新薬（先発薬）のラインアップを21年度比3割増の40品強にする。海外で販売済みの医薬品の国内投入や、新薬開発に力を入れる。国内売上高に占める重点疾患薬の比率は足元で5割強だが、約9割まで引き上げる計画だ。十分な治療薬がない領域に研究開発を集中し、増収を目指す。

　新薬を増やすのは希少疾患や神経精神疾患、消化器系疾患、人の血液に由来する成分からつくる血漿（けっしょう）分画製剤、ワクチンの5領域になる。現在、臨床試験（治験）の最終段階にある「第3相治験」で希少小児てんかん薬「TAK-935」などの3品、それより前段階の治験を含めると計6品を国内向けで開発中だ。未公表の新薬候補もあるとみられ、25年度までに10品強の新薬開発を目指す。

　ジャパンファーマビジネスユニットの古田未来乃プレジデントは「重点領域の新薬を毎年、市場に投入していく」との考えを示した。22年3月期の国内売上高は、前の期比18％増の6589億円だった。国内の新薬開発では、21年度に遺伝性血管性浮腫の治療薬「タクザイロ」など4品の製造販売承認を得た。

　販売体制も大幅に見直した。4月に国内の医療用医薬品事業部門で、各疾患に特化した部署を立ち上げた。従来はワクチンや神経精神疾患、消化器系疾患の一部が同一部署に入っていたが、それぞれを独立させた。医療機関への情報提供、販売戦略の専門性を高める。

　武田はかつて糖尿病などの生活習慣病向けの新薬が主力だった。だが競争は激しく、特許切れもある。アイルランドの製薬会社シャイアー買収などを契機として、十分な治療薬がなく、高い成長が見込める領域に研究開発を集中している。

■武田薬品、医薬品物流を可視化　位置情報や温度を共有（6/1）

　武田薬品工業は31日、三菱倉庫のデータプラットフォームを用い、医薬品の輸送過程の温度や位置情報を可視化する取り組みを始めたと発表した。厚生労働省は2018年、輸送中の品質管理を定めた医薬品の適正な流通基準（GDP）のガイドラインを設けており、関連事業者は将来的な義務化も想定して対応を急いでいる。

　武田は三菱倉庫の持つデータプラットフォームを活用し、工場から医薬品卸の

倉庫までの医薬品の位置情報や温度などを可視化する仕組みを開発した。22年1月から物流センターから倉庫までの流通経路へ導入し、5月からは新型コロナウイルス向けワクチンなどを製造する光工場（山口県光市）での活用も始まった。

　GDPは希少疾患の治療薬やワクチンなどについて、適切な温度帯での保管・輸送のほか、適切な在庫の維持も求めている。医薬品の製造や保管・輸送を手掛ける事業者は、将来的なGDPの義務化も見据えて体制を整えている。

　武田と三菱倉庫の仕組みにはブロックチェーン（分散型台帳）技術が用いられている。数値の改ざんなどもできないため、データの安全性を守れるほか、リアルタイムで情報を関連事業者と共有できる。武田と三菱倉庫はこの仕組みを他の医薬品企業にも開放する考えだ。

■武田薬品など製薬10社、供給網の脱炭素で国際連携（6/7）

　武田薬品工業や米ファイザーなど世界の製薬大手10社が共同で、取引先の温暖化ガス排出削減を支援する取り組みを始めた。原薬メーカーなど1000社以上が共通のシステムを導入する。サプライチェーン（供給網）全体で排出量を検証するのは難しいが、世界的な脱炭素の流れを受けて機関投資家らが開示を要請する動きもある。他の業種に先駆けてグローバル大手が多国間で連携する。

　英アストラゼネカや英グラクソ・スミスクライン、米ジョンソン・エンド・ジョンソン、スイスのノバルティスも参加する。対象となる取引先には包装資材メーカーなども含み、仏電機大手シュナイダーエレクトリックが開発したシステムを活用する。

　日本の産業界の二酸化炭素（CO_2）排出量全体で製薬業界の割合は1%未満と限定的とみられるが、グローバルに活動する競合同士が組む意義は大きい。排出量を巡る大手の連携では、自動車分野で独メルセデス・ベンツグループや独BMWなどが中心となり実用化を進めているもようだが、多国の企業による協業は初めてとみられる。

　自社の事業活動による直接的な温暖化ガス排出量に比べて、供給網全体の排出量「スコープ3」を把握することは難しい。ただ、主要国の金融当局が設置した「気候関連財務情報開示タスクフォース（TCFD）」は2021年の改訂を経てスコープ3の開示を強く推奨している。

　製薬10社は取引先が共通していることが多い。製薬企業ごとに提出する情報の規格が異なると、サプライヤー側の業務も煩雑になる。新システムの導入により、取引先の負担を減らす狙いもある。

✔2021年の重要ニュース (出典:日本経済新聞)

■武田薬品、米社ワクチン治験開始 21年後半に供給めざす (2/24)

　武田薬品工業は24日、国内の自社工場でライセンス生産する米バイオ製薬ノバックスが開発中の新型コロナウイルスワクチンについて、日本での臨床試験（治験）を始めたと発表した。武田は米バイオ製薬モデルナ製ワクチンも輸入するが、自社生産する別のワクチンを手がけることで安定供給につなげる。2021年後半の供給開始を目指す。

　武田は20年8月、ノバックスとの提携を発表した。武田は200人規模の国内治験を実施し、日本人での安全性や効果を検証。治験結果は21年後半に出る見込みだ。日本で承認申請・取得を目指す。ノバックスから技術移転を受けた上で光工場（山口県光市）で生産する。年2億5000万回分（1億2500万人分）以上の生産体制を整える。

　ノバックスは「組み換えたんぱくワクチン」を開発する。ウイルスの遺伝子情報をもとにして昆虫細胞を使ってワクチンをつくる。すでに海外で最終段階の治験を実施しており、英国治験では89.3%の予防効果が確認されたと発表した。

　武田はモデルナ製ワクチンの国内治験も1月21日に始めている。200人規模でワクチンを2回接種するが、すでに1回目の接種は全員完了した。

　新型コロナワクチンをめぐっては、日本政府は米ファイザー、英アストラゼネカ、モデルナの3社から供給を受ける契約を結ぶ。アストラゼネカ以外の2社は海外から全量を輸入する。コロナ禍が長期化した場合に備え、国内生産による安定供給が求められている。

■武田、子会社の日本製薬を吸収へ 血液由来の薬を強化 (4/16)

　武田薬品工業は16日、子会社で血液由来の医薬品を作る日本製薬（東京・中央）を本体へ吸収する協議を始めると発表した。2019年のアイルランド製薬大手シャイアーの買収により強化した事業で、注力分野の1つと位置づけている。事業の統合を進め、よりスムーズに意思決定ができる態勢を整える。

　事業統合へ向けて協議を始める日本製薬は、国内で「血漿（けっしょう）分画製剤」と呼ばれる事業を担う。人間の血液由来の成分を使った医薬品で、例えば回復した患者の血液から抗体を抽出し、免疫を高めるための薬として使われる。

　武田は19年にシャイアーを6兆円超で買収。シャイアーが強みとしていた同

事業を取り込んだ。参入障壁が高く特許切れに左右されにくいため、武田にとっては経営を安定化させるための重要な事業だ。日本製薬は21年4月1日付で完全子会社化しており、今後は本体に取り込み、革新的な医薬品を開発するためのスムーズな態勢の構築につなげる。

■武田、肺がん治療薬発売へ　米当局が承認（9/16）

　武田薬品工業は16日、開発した肺がん治療薬候補について、米食品医薬品局（FDA）から製造販売の承認を得たと発表した。従来の化学療法を受けても症状が悪化した患者に対して治療効果が期待できる。近く米国で発売する予定で、ピーク時の年間売上高は最大6億ドル（約650億円）を見込む。注力するがん領域の主力薬に育てる。

　承認を取得したのは「モボセルチニブ」。非小細胞肺がんの一部を対象とし、経口で投与ができる。臨床試験（治験）では「プラチナ製剤」と呼ばれる既存の化学療法を受けた患者に投与し、約1年6カ月間にわたって腫瘍が縮小する効果が続いたという。FDAは優先して審査を進める画期的医薬品に指定しており、治験結果を受けて承認した。

　武田はがん領域を注力分野の一つに位置づけている。2025年3月期までに、モボセルチニブのほか複数製品の市場投入を目指している。

■武田、米社から肝臓疾患薬の開発・販売権取得（9/22）

　武田薬品工業は22日、米バイオ企業のマイラムから肝臓疾患の治療薬候補を日本で開発・販売する権利を取得すると発表した。取得額などの詳細は開示していない。重点領域に位置づける消化器分野の新薬候補（パイプライン）を拡充する狙いがある。

　新薬候補の「マラリキシバット」は、重度のかゆみや発育障害といった症状がでるアラジール症候群など3つの肝疾患に対する飲み薬。体内で胆汁の流れが滞ることで起こる症状を、胆汁の排出を促して軽減できる可能性がある。日本国内には200~300人のアラジール症候群の患者がいるとされる。

　マイラム社はマラリキシバットを実用化に向けて承認申請しており、米国では優先審査の対象として29日にも米食品医薬品局（FDA）の審査が終了する見通し。武田は今後日本で臨床試験（治験）をして、厚生労働省に承認申請する。

　消化器疾患は武田の重点領域の一つで、2021年3月期の売り上げの2割強を占める。

✔ 就活生情報

面接では自分を偽ることなく，これまで頑張ってきたことや意欲を，ありのまま伝えることが一番大切です

生産技術職 2020卒

エントリーシート
・武田の志望理由，生産技術・製造職の志望理由，学生時代に力を入れたこと，あなたの特徴（特技・セールスポイントなど長短所を含む），大学院もしくは6年制大学での研究の背景・目的，研究（大学院）の実施方法の概要

セミナー
・選考とは無関係
・服装：リクルートスーツ
・内容：社員とのリクルーター面談

筆記試験
・形式：Webテスト
・課目：数学，算数／国語，漢字
・内容：TG-WEB

面接（個人・集団）
・雰囲気は和やか。質問内容は志望動機（企業・職種），職種理解（一次・最終），勤務地（山口でも大丈夫か），学生時代の出来事，チームで協働した経験，苦手なタイプと対処法，どのようなことに苦労したか，英語面談（最終）では趣味を英語で話す

内定
・通知方法：電話
・3日後の午前までの猶予はもらえた

▶ その他受験者からのアドバイス
・内定後のフォローが手厚い
・大手企業になると志望動機はほぼ聞かれず，職種の理解や熱意がどれだけあるかや，その人柄を見られているように思った

志望していない企業でも，面接の練習のために受けてみたほうがよいです

生産技術職 2020卒

エントリーシート

・学部での指導教官名および卒業論文のテーマ，大学院修士課程での指導教官名および研究テーマ，武田薬品，およびこのポジションの希望理由，公表論文（著者、雑誌名，ページ，掲載年など），学会発表（口頭かポスターか），海外での生活，研究経験等

セミナー

・選考とは無関係
・服装：リクルートスーツ

筆記試験

・形式：Webテスト
・性格テスト

面接（個人・集団）

・一次面接は学生一人社員4人。最初に就活の状況，履歴書の内容確認。その後は1分間で武田の志望理由を英語で答えたり，10分で研究概要を説明した。研究概要の説明は英語でも日本語でも可。パワーポイントのスライドは2枚まで。研究の応用性や頑張ったことなどの質問を受けた。最後にこのポジションを志望する理由などを聞かれた
・最終面接は学生1人社員2人。ほとんどが人事からの一般的な質問。すべに対策できないが，強み弱み・自己PR・武田薬品とポジションの志望理由・入社してからどんなキャリアを考えているかは準備しておくべき

内定

・通知方法：電話。他の企業を受けるのをやめるように言われた
・内定後のフォローは手厚い

● その他受験者からのアドバイス

・英語はかなり重要視されているため，勉強しておいたほうがよい

技術研究職 2019卒

エントリーシート
・内容は，学部での指導教官名，学部での卒業論文のテーマ，武田薬品，およびこのポジションを希望する理由，学会発表，海外での生活研究経験，武田薬品・およびこのポジションを希望する理由　等
・形式は，採用ホームページから記入

セミナー
・選考との関係は，無関係だった
・服装は，リクルートスーツ

筆記試験
・形式は，Webテスト
・科目は，性格テスト

面接（個人・集団）
・雰囲気は，和やか
・最初の数分は人事から就活の状況や，履歴書に書いてある事の内容を確認，武田の志望理由一次面接では技術面接に近かったが，最終面接では，ほとんどが人事からの一般的な質問。回数は，2回

内定
・拘束や指示は，他の企業を受けるのをやめるように言われたが，特に圧力をかけてくるようなことは無かった
・通知方法は，電話
・タイミング：予定より早い

● その他受験者からのアドバイス
・志望していない企業でも，面接の練習のために受けてみた方が良い
・英語はかなり重要視していると思うので勉強しておいた方が良い

集団面接においてだらだらとしゃべるのは命取りになります。自分の意見を簡潔にはっきりと言えるように練習しておいて下さい

MR 2017卒

エントリーシート

・内容は，自己PR，武田MRの志望理由，あなたを表す一言，具体的なエピソード，中高の部活，アルバイト，趣味・特技など
・形式は，採用ホームページから記入

セミナー

・選考との関係は，無関係だった
・服装は，リクルートスーツ
・内容は，業界，会社説明
・MR体感セミナー

筆記試験

・情報なし

面接（個人・集団）

・雰囲気は，普通
・質問内容は，学生時代力を入れて取り組んだこと，他社の選考状況，武田の志望理由，MRとはどのような仕事か等
・回数は，3回

内定

・拘束や指示は，他社を全て辞退。迷っている場合は内々定から2日以内に受諾か辞退か決定。
・通知方法は，電話
・タイミングは，予定より遅かった

● その他受験者からのアドバイス

・とにかくスピード感があり，合格の場合は即日に連絡があった

生産技術 2017卒

エントリーシート

・内容は，自己PR，武田MRの志望理由，あなたを表す一言，具体的なエピソード，中高の部活，アルバイト，趣味・特技，大学院での研究など
・形式は，採用ホームページから記入

セミナー

・選考との関係は，無関係だった

筆記試験

・形式は，Webテスト
・課目は，英語／数学，算数／国語，漢字
・内容は，ヒューマネジメント

面接（個人・集団）

・雰囲気は，和やか
・質問内容は，経歴確認，強み，弱み，リクルート面談，研究で苦労したことなど
・回数は，2回

内定

・拘束や指示は，他社の選考辞退，教授推薦書の提出
・通知方法は，電話
・タイミングは，予定通り

まずは企業研究をしっかり行って，自分に合った職種を探すことから始めた方がいいと思う

MR職 2016卒

エントリーシート
・Webで記入して送信する形式（ホームページから）
・内容は「志望動機」「大学時代に自らが取り組み，得られた成果と，その成果を得るために主体的に取り組んだ内容」「あなたを表す一言と具体的なエピソード」など

セミナー
・選考とは無関係だった
・服装はリクルートスーツ着用。
・内容は「MR体験のグループワーク」「社員との座談会」など

筆記試験
・課目は，数学，国語など

面接（個人・集団）
・回数は3回だった
・内容は「学生時代に頑張ったこととそれに関する挫折をどう乗り越えたか」「志望動機」「MRという職業に対する認識と覚悟」など

内定
・通知方法は電話だった

MR職はコミュニケーション能力が大切なので，特に面接では，そこをチェックされることを覚悟しておこう

MR職 2016卒

エントリーシート

・Webで記入して送信する形式（ホームページから）
・内容は「インターン経験について」「学生時代に経験したこと」「部活・サークルについて」「留学について」「TOEICの点数について」など

セミナー

・選考とは無関係だった
・服装はリクルートスーツ着用

筆記試験

・形式はWebテスト
・課目は，数学，国語，性格テストなど

面接（個人・集団）

・回数は3回だった
・内容は「学生時代について」「困難を乗り越えたことはあるか」「志望動機」など

内定

・通知方法は電話だった
・就活をやめるように指示された

面接では，覚えたマニュアルの原稿を話すのではなく，少しぐらい詰まっても自分の言葉で話す方が，好感度は高いと思う

生産技術職 2016卒

エントリーシート

・Webで記入して送信する形式（ホームページから）
・内容は「志望動機」「研究内容」「得意とする科目や実験手技」「学生時代に力を入れたこと」「TOEICについて」「他社の選考状況」など

セミナー

・選考とは無関係だった
・服装はリクルートスーツ着用

筆記試験

・形式はWebテスト
・課目は，数学，国語，性格テスト，事務処理テストなど
・内容はヒューマネージのテストセンターだった

面接（個人・集団）

・回数は2回だった
・内容は「志望動機」「自己PR」など

内定

・通知方法は電話だった
・他社の選考を辞退するように指示された

大事なのは学生時代に成し遂げたことの規模や難度ではありません。取り組みの中で何を目指し，どう取り組み，何を得たかです

MR職 2015卒

エントリーシート

・Webで記入して送信する形式
・内容は「タケダのMRを志望する理由」「大学生活で自らが積極的に取り組み得られた成果の中で，誇れるもの。その成果を出すために自らが主体的に取り組んだ内容」「あなたを表す一言。それにまつわる具体的なエピソード」

セミナー

・選考とは無関係だった。きれいめの服を着用
・内容はMR職をゲーム感覚で体感，現役MRや内定者との質問会

筆記試験

・形式はWebテスト。数学，算数／国語，漢字／性格テストだった
・一般的な内容と難易度だった。二次面接後にSPI3テストセンターを提出する

面接（個人・集団）

・回数は3回。面接の雰囲気は和やかだった
・学生時代に成し遂げてきたこととそこで得たものをさまざまな角度から質問される。雰囲気はとても和やかで自分らしく話しやすい環境を作ってもらえていると感じた

内定

・通知方法は電話だった
・他社の内定と選考を辞退するよう指示された

● その他受験者からのアドバイス

・ネット上の情報に振り回されたり，個々の結果に一喜一憂する必要はありません。自分の価値観を大切にして，自分を信じて取り組んでください
・ありのままの自分を出して受からなければ，そことは縁がなかっただけ
・新聞は読んだ方がいい。あるいは，読んでいるふりをした方がいい。面接官は自分と同じ事（新聞を読むこと）をしている学生を見ると嬉しいはず

医療用医薬品MR 2015卒

セミナー
・選考とは無関係
・リクルートスーツ着用
・内容は業界説明，企業紹介，MRの仕事について

筆記試験
・Webテスト
・科目は性格テスト/一般教養，一般知識
・内容はSPI3テストセンター

面接（個人・集団）
・雰囲気は和やか
・回数は3回だった
・質問内容は学生時代頑張ったこと，苦労したこと，それをどう克服したのかなど

内定
・通知方法は電話だった。
・他社の内定と選考を辞退するよう指示された
・受諾の回答期限は3日以内だった

✔ 有価証券報告書の読み方

01 部分的に読み解くことからスタートしよう

「有価証券報告書（以下，有報）」という名前を聞いたことがある人も少なくはないだろう。しかし，実際に中身を見たことがある人は決して多くはないのではないだろうか。有報とは上場企業が年に１度作成する，企業内容に関する開示資料のことをいう。開示項目には決算情報や事業内容について，従業員の状況等について記載されており，誰でも自由に見ることができる。

一般的に有報は，証券会社や銀行の職員，または投資家などがこれを読み込み，その後の戦略を立てるのに活用しているイメージだろう。その認識は間違いではないが，だからといって就活に役に立たないというわけではない。就活を有利に進める上で，お得な情報がふんだんに含まれているのだ。ではどの部分が役に立つのか，実際に解説していく。

■有価証券報告書の開示内容

では実際に，有報の開示内容を見てみよう。

有価証券報告書の開示内容

第一部【企業情報】
　第１　【企業の概況】
　第２　【事業の状況】
　第３　【設備の状況】
　第４　【提出会社の状況】
　第５　【経理の状況】
　第６　【提出会社の株式事務の概要】
　第７　【提出会社の状参考情報】
第二部【提出会社の保証会社等の情報】
　第１　【保証会社情報】
　第２　【保証会社以外の会社の情報】
　第３　【指数等の情報】

有報は記載項目が統一されているため、どの会社に関しても同じ内容で書かれている。このうち就活において必要な情報が記載されているのは、第一部の第1【企業の概況】～第5【経理の状況】まで、それ以降は無視してしまってかまわない。

02 企業の概況の注目ポイント

第1【企業の概況】には役立つ情報が満載。そんな中、最初に注目したいのは、冒頭に記載されている【主要な経営指標等の推移】の表だ。

回次		第25期	第26期	第27期	第28期	第29期
決算年月		平成24年3月	平成25年3月	平成26年3月	平成27年3月	平成28年3月
営業収益	(百万円)	2,532,173	2,671,822	2,702,916	2,756,165	2,867,199
経常利益	(百万円)	272,182	317,487	332,518	361,977	428,902
親会社株主に帰属する当期純利益	(百万円)	108,737	175,384	199,939	180,397	245,309
包括利益	(百万円)	109,304	197,739	214,632	229,292	217,419
純資産額	(百万円)	1,890,633	2,048,192	2,199,357	2,304,976	2,462,537
総資産額	(百万円)	7,060,409	7,223,204	7,428,303	7,605,690	7,789,762
1株当たり純資産額	(円)	4,738.51	5,135.76	5,529.40	5,818.19	6,232.40
1株当たり当期純利益	(円)	274.89	443.70	506.77	458.95	625.82
潜在株式調整後1株当たり当期純利益	(円)	—	—	—	—	—
自己資本比率	(%)	26.5	28.1	29.4	30.1	31.4
自己資本利益率	(%)	5.9	9.0	9.5	8.1	10.4
株価収益率	(倍)	19.0	17.4	15.0	21.0	15.5
営業活動によるキャッシュ・フロー	(百万円)	558,650	588,529	562,763	622,762	673,109
投資活動によるキャッシュ・フロー	(百万円)	△370,684	△465,951	△474,697	△476,844	△499,575
財務活動によるキャッシュ・フロー	(百万円)	△152,428	△101,151	△91,367	△86,636	△110,265
現金及び現金同等物の期末残高	(百万円)	167,525	189,262	186,057	245,170	307,809
従業員数 [ほか、臨時従業員数]	(人)	71,729 [27,746]	73,017 [27,312]	73,551 [27,736]	73,329 [27,313]	73,053 [26,147]

見慣れない単語が続くが、そう難しく考える必要はない。特に注意してほしいのが、**営業収益**、**経常利益**の二つ。営業収益とはいわゆる**総売上額**のことであり、これが企業の本業を指す。その営業収益から営業費用（営業費（販売費＋一般管理費）＋売上原価）を差し引いたものが**営業利益**となる。会社の業種はなんであれ、モノを顧客に販売した合計値が営業収益であり、その営業収益から人件費や家賃、広告宣伝費などを差し引いたものが営業利益と覚えておこう。対して経常利益は営業利益から本業以外の損益を差し引いたもの。いわゆる金利による収益や不動産収入などがこれにあたり、本業以外でその会社がどの程度の力をもっているかをはかる絶好の指標となる。

■会社のアウトラインを知れる情報が続く。

　この主要な経営指標の推移の表につづいて,「会社の沿革」,「事業の内容」,「関係会社の状況」「従業員の状況」などが記載されている。自分が試験を受ける企業のことを, より深く知っておくにこしたことはない。会社がどのように発展してきたのか, 主としている事業はどのようなものがあるのか, 従業員数や平均年齢はどれくらいなのか, 志望動機などを作成する際に役立ててほしい。

03 事業の状況の注目ポイント

　第2となる【事業の状況】において, 最重要となるのは**業績等の概要**といえる。ここでは1年間における収益の増減の理由が文章で記載されている。「○○という商品が好調に推移したため, 売上高は△△になりました」といった情報が, 比較的易しい文章で書かれている。もちろん, 損失が出た場合に関しても包み隠さず記載してあるので, その会社の1年間の動向を知るための格好の資料となる。

　また, 業績については各事業ごとに細かく別れて記載してある。例えば鉄道会社ならば, ①運輸業, ②駅スペース活用事業, ③ショッピング・オフィス事業, ④その他といった具合だ。**どのサービス・商品がどの程度の売上を出したのか**, 会社の持つ展望として, 今後**どの事業をより活性化**していくつもりなのか, などを意識しながら読み進めるとよいだろう。

■「対処すべき課題」と「事業等のリスク」

　業績等の概要と同様に重要となるのが, 「**対処すべき課題**」と「**事業等のリスク**」の2項目といえる。ここで読み解きたいのは, その会社の**今後の伸びしろ**について。いま, 会社はどのような状況にあって, どのような課題を抱えているのか。また, その課題に対して取られている対策の具体的な内容などから経営方針などを読み解くことができる。リスクに関しては法改正や安全面, 他の企業の参入状況など, 会社にとって決してプラスとは言えない情報もつつみ隠さず記載してある。客観的にその会社を再評価する意味でも, ぜひ目を通していただきたい。

　次代を担う就活生にとって, ここの情報はアピールポイントとして組み立てやすい。「新事業の○○の発展に際して……」,「御社が抱える●●というリスクに対して……」などという発言を面接時にできれば, 面接官の心証も変わってくるはずだ。

　最後に注目したいのが，第5【経理の状況】だ。ここでは，簡単にいえば【主要な経営指標等の推移】の表をより細分化した表が多く記載されている。ここの情報をすべて理解するのは，簿記の知識がないと難しい。しかし，そういった知識があまりなくても，読み解ける情報は数多くある。例えば**損益計算書**などがそれに当たる。

連結損益計算書

(単位：百万円)

	前連結会計年度 (自 平成26年 4月 1日 至 平成27年 3月31日)	当連結会計年度 (自 平成27年 4月 1日 至 平成28年 3月31日)
営業収益	2,756,165	2,867,199
営業費		
連輸業等営業費及び売上原価	1,806,181	1,841,025
販売費及び一般管理費	※1　522,462	※1　538,352
営業費合計	2,328,643	2,379,378
営業利益	427,521	487,821
営業外収益		
受取利息	152	214
受取配当金	3,602	3,703
物品売却益	1,438	998
受取保険金及び配当金	8,203	10,067
持分法による投資利益	3,134	2,565
雑収入	4,326	4,067
営業外収益合計	20,858	21,616
営業外費用		
支払利息	81,961	76,332
物品売却損	350	294
雑支出	4,090	3,908
営業外費用合計	86,403	80,535
経常利益	361,977	428,902
特別利益		
固定資産売却益	※4　1,211	※4　838
工事負担金等受入額	※5　59,205	※5　24,487
投資有価証券売却益	1,269	4,473
その他	5,016	6,921
特別利益合計	66,703	36,721
特別損失		
固定資産売却損	※6　2,088	※6　1,102
固定資産除却損	※7　3,957	※7　5,105
工事負担金等圧縮額	54,253	18,346
減損損失	※9　12,738	※9　12,297
耐震補強重点対策関連費用	8,906	10,288
災害損失引当金繰入額	1,306	25,085
その他	30,128	8,537
特別損失合計	113,379	80,763
税金等調整前当期純利益	315,300	384,860
法人税，住民税及び事業税	107,540	128,972
法人税等調整額	26,202	9,326
法人税等合計	133,742	138,298
当期純利益	181,558	246,561
非支配株主に帰属する当期純利益	1,160	1,251
親会社株主に帰属する当期純利益	180,397	245,309

　主要な経営指標等の推移で記載されていた**経常利益**の算出する上で必要な営業外収益などについて，詳細に記載されているので，一度目を通しておこう。

　いよいよ次ページからは実際の有報が記載されている。ここで得た情報をもとに有報を確実に読み解き，就職活動を有利に進めよう。

企業の概況

1 主要な経営指標等の推移

（1） 連結経営指標等 ···

回次		第142期	第143期	第144期	第145期	第146期
決算年月		2019年3月	2020年3月	2021年3月	2022年3月	2023年3月
売上収益	百万円	2,097,224	3,291,188	3,197,812	3,569,006	4,027,478
税引前当期利益 （△は損失）	百万円	127,612	△60,754	366,235	302,571	375,090
当期利益	百万円	135,080	44,290	376,171	230,166	317,038
親会社の所有者に帰属する 当期利益	百万円	135,192	44,241	376,005	230,059	317,017
当期包括利益合計	百万円	121,595	△199,419	697,416	824,427	911,574
資本合計	百万円	5,185,991	4,727,486	5,177,177	5,683,523	6,354,672
資産合計	百万円	13,792,773	12,821,094	12,912,293	13,178,018	13,957,750
1株当たり親会社 所有者帰属持分	円	3,332.94	3,032.22	3,308.93	3,665.61	4,087.49
基本的1株当たり当期利益	円	140.61	28.41	240.72	147.14	204.29
希薄化後1株当たり 当期利益	円	139.82	28.25	238.96	145.87	201.94
親会社所有者帰属持分比率	%	37.6	36.8	40.1	43.1	45.5
親会社所有者帰属持分 当期利益率	%	3.8	0.9	7.6	4.2	5.3
株価収益率	倍	32.2	116.4	16.6	23.8	21.3
営業活動による キャッシュ・フロー	百万円	328,479	669,752	1,010,931	1,123,105	977,156
投資活動による キャッシュ・フロー	百万円	△2,835,698	292,119	393,530	△198,125	△607,102
財務活動による キャッシュ・フロー	百万円	2,946,237	△1,005,213	△1,088,354	△1,070,265	△709,148
現金及び現金同等物 期末残高	百万円	702,093	637,614	966,222	849,695	533,530
従業員数	人	49,578	47,495	47,099	47,347	49,095

（注）1　国際会計基準（以下，「IFRS」）に基づいて連結財務諸表を作成しております。

　　　2　記載金額は百万円未満を四捨五入して表示しております。

(point) **主要な経営指標等の推移**

　　数年分の経営指標の推移がコンパクトにまとめられている。見るべき箇所は連結の売上，利益，株主資本比率の3つ。売上と利益は順調に右肩上がりに伸びているか，逆に利益で赤字が続いていたりしないかをチェックする。株主資本比率が高いとリーマンショックなど景気が悪化したときなどでも経営が傾かないという安心感がある。

(2) 提出会社の経営指標等 ·····································

回次		第142期	第143期	第144期	第145期	第146期
決算年月		2019年3月	2020年3月	2021年3月	2022年3月	2023年3月
売上高	百万円	651,347	616,288	602,557	764,301	632,137
経常利益	百万円	17,514	72,252	50,010	550,876	340,122
当期純利益	百万円	88,231	130,626	247,513	324,450	330,649
資本金	百万円	1,643,585	1,668,123	1,668,145	1,676,263	1,676,345
発行済株式総数	千株	1,565,006	1,576,374	1,576,388	1,582,253	1,582,296
純資産額	百万円	4,647,171	4,549,000	4,434,889	4,294,899	4,206,219
総資産額	百万円	9,534,645	10,289,304	10,856,450	9,641,648	9,407,303
1株当たり純資産額	円	2,987.94	2,919.21	2,835.81	2,769.31	2,704.87
1株当たり配当額 (内1株当たり中間配当額)	円 (円)	180.00 (90.00)	180.00 (90.00)	180.00 (90.00)	180.00 (90.00)	180.00 (90.00)
1株当たり当期純利益	円	91.76	83.88	158.45	207.50	213.06
潜在株式調整後1株当たり当期純利益	円	91.72	83.87	158.44	207.50	213.05
自己資本比率	%	48.7	44.2	40.8	44.5	44.7
自己資本利益率	%	2.8	2.8	5.5	7.4	7.8
株価収益率	倍	49.3	39.4	25.1	16.9	20.4
配当性向	%	196.2	214.6	113.6	86.7	84.5
従業員数	人	5,291	5,350	4,966	5,149	5,486
株主総利回り (比較指標:配当込みTOPIX)	% (%)	90.7 (95.0)	70.8 (85.9)	87.3 (122.1)	81.4 (124.6)	101.3 (131.8)
最高株価	円	5,418	4,625	4,365	4,115	4,478
最低株価	円	3,498	2,895	3,119	2,993	3,495

(注) 1 記載金額は百万円未満を四捨五入して表示しております。

2 「収益認識に関する会計基準」(企業会計基準第29号2020年3月31日)等を第145期の期首から適用しており,第145期以降に係る提出会社の経営指標等については,当該会計基準等を適用した後の指標等となっております。

3 最高株価および最低株価は,東京証券取引所(2022年4月3日以前は市場第一部,2022年4月4日以降はプライム市場)におけるものであります。

天明元年（1781年）6月	・当社創業，薬種商を開業
明治4年（1871年）5月	・洋薬の輸入買付を開始
大正3年（1914年）8月	・武田研究部を設置
大正4年（1915年）10月	・武田製薬所（現・大阪工場）を開設
大正10年（1921年）8月	・大五製薬合資会社（現・連結子会社，日本製薬株式会社）を設立
大正11年（1922年）6月	・武田化学薬品株式会社（1947年10月に和光純薬工業株式会社に社名を変更，2017年4月に売却）を設立
大正14年（1925年）1月	・株式会社武田長兵衛商店を設立
昭和18年（1943年）8月	・武田薬品工業株式会社に社名変更
昭和21年（1946年）5月	・光工場（山口県）を開設
昭和24年（1949年）5月	・東京証券取引所および大阪証券取引所に株式を上場
昭和37年（1962年）8月	・台湾に台湾武田 Ltd.（現・連結子会社）を設立
昭和59年（1984年）4月	・大阪・東京両本社制を敷く
昭和60年（1985年）5月	・米国に米国アボット・ラボラトリーズ社との合弁会社であるTAPファーマシューティカルズ株式会社（2008年4月に事業再編により100％子会社化し，同年6月に現・連結子会社の武田ファーマシューティカルズU.S.A., Inc.と合併）を設立
昭和63年（1988年）1月	・筑波研究所（茨城県）を開設（2011年2月に湘南研究所（神奈川県）に統合）
平成4年（1992年）1月	・本店を大阪市中央区道修町四丁目1番1号（現在地）に移転
平成5年（1993年）3月	・米国にタケダ・アメリカ株式会社（2001年7月に武田アメリカ・ホールディングス株式会社他と合併し武田アメリカ・ホールディングス株式会社に社名変更，2016年3月に武田ファーマシューティカルズU.S.A., Inc.と合併）を設立
平成9年（1997年）10月	・米国に武田アメリカ研究開発センター株式会社（現・連結子会社，米州武田開発センター Inc.）を設立
平成9年（1997年）10月	・アイルランドに武田アイルランド Limited（現・連結子会社）を設立
平成9年（1997年）12月	・米国に武田アメリカ・ホールディングス株式会社（2001年7月にタケダ・アメリカ株式会社と合併）を設立
平成10年（1998年）5月	・米国に武田ファーマシューティカルズ・アメリカ株式会社（現・連結子会社，武田ファーマシューティカルズU.S.A., Inc.）を設立

平成10年（1998年）9月	・英国に武田欧州研究開発センター株式会社（現・連結子会社，欧州武田開発センター Ltd.）を設立
平成17年（2005年）3月	・米国のシリックス株式会社（武田カリフォルニア Inc.に社名変更後，2021年7月に米州武田開発センター Inc.（現・連結子会社）と合併）を買収
平成17年（2005年）4月	・生活環境事業を営む日本エンバイロケミカルズ株式会社他の株式を大阪ガス株式会社の子会社である大阪ガスケミカル株式会社に譲渡
平成17年（2005年）6月	・動物用医薬品事業を営む武田シェリング・プラウ アニマルヘルス株式会社の株式をシェリング・プラウ株式会社に譲渡
平成18年（2006年）1月	・ビタミン事業を営むBASF武田ビタミン株式会社の株式をBASFジャパン株式会社に譲渡
平成18年（2006年）4月	・化学品事業を営む三井武田ケミカル株式会社の株式を三井化学株式会社へ譲渡
平成18年（2006年）8月	・英国に武田ファーマシューティカルズ・ヨーロッパ Limited（2018年7月に清算）を設立
平成19年（2007年）4月	・食品事業を営む武田キリン食品株式会社の株式を麒麟麦酒株式会社に譲渡
平成19年（2007年）10月	・飲料・食品事業を営むハウスウェルネスフーズ株式会社の株式をハウス食品株式会社に譲渡
平成19年（2007年）10月	・農薬事業を営む住化武田農薬株式会社の株式を住友化学株式会社に譲渡
平成20年（2008年）3月	・米国アムジェン社の日本における子会社のアムジェン株式会社（2014年4月に当社に全事業を譲渡し，2014年9月に清算）を買収
平成20年（2008年）5月	・株式の公開買付けにより，米国のミレニアム・ファーマシューティカルズ Inc.（現・連結子会社）を買収
平成20年（2008年）9月	・シンガポールに武田クリニカル・リサーチ・シンガポール株式会社（現・連結子会社，アジア武田開発センター Pte. Ltd.）を設立
平成23年（2011年）2月	・湘南研究所（神奈川県）を開設
平成23年（2011年）9月	・スイスのナイコメッド A/S（現・連結子会社，武田 A/S（清算予定））を買収
平成24年（2012年）6月	・米国のURLファーマ Inc.を買収し，主要事業については，2012年10月に武田ファーマシューティカルズU.S.A., Inc.に統合し，その他の事業については，2013年2月に売却
平成24年（2012年）10月	・米国のリゴサイト・ファーマシューティカルズ Inc.（現・連結子会社，武田ワクチン Inc.）を買収

(point) 沿革

どのように創業したかという経緯から現在までの会社の歴史を年表で知ることができる。過去に行った重要なM＆Aなどがいつ行われたのか，ブランド名はいつから使われているのか，いつ頃から海外進出を始めたのか，など確認することができて便利だ。

平成24年（2012年）11月	・米国のエンボイ・セラピューティクス Inc. を買収し，2013年12月に武田カリフォルニア Inc.（2021年7月に米州武田開発センター Inc.（現・連結子会社）と合併）と合併
平成25年（2013年）5月	・米国のインビラージェン Inc.（2013年12月に武田ワクチン Inc.（現・連結子会社）と合併）を買収
平成27年（2015年）4月	・化成品事業を営む水澤化学工業株式会社の株式を大阪ガスケミカル株式会社に譲渡
平成28年（2016年）4月	・日本の長期収載品事業を，イスラエルのテバ社の日本における連結子会社に会社分割により承継し，テバ製薬株式会社（現・持分法適用関連会社，武田テバファーマ株式会社）の株式を取得
平成29年（2017年）2月	・株式の公開買付けにより，米国のアリアド・ファーマシューティカルズ Inc.（現・連結子会社）を買収
平成29年（2017年）4月	・当社のジャパンコンシューマーヘルスケアビジネスユニット事業を，武田コンシューマーヘルスケア株式会社（2021年3月に売却）に会社分割により承継
平成29年（2017年）4月	・試薬事業，化成品事業および臨床検査薬事業を営む和光純薬工業株式会社の株式を富士フイルム株式会社に譲渡
平成30年（2018年）4月	・湘南ヘルスイノベーションパーク（略称：湘南アイパーク）（神奈川県）を開設（湘南研究所から呼称変更，2023年4月に産業ファンド投資法人および三菱商事株式会社に運営事業を譲渡し，持分法適用関連会社化）
平成30年（2018年）6月	・株式等の公開買付けにより，ベルギーのTiGenix NV（2020年3月に清算）を買収
平成30年（2018年）7月	・武田グローバル本社（東京都中央区）を開設
平成30年（2018年）12月	・ニューヨーク証券取引所に当社米国預託証券を上場
平成31年（2019年）1月	・スキーム・オブ・アレンジメントにより，Shire plc.（現・連結子会社 Shire Limited（清算予定））を買収
令和3年（2021年）3月	・武田コンシューマーヘルスケア株式会社の株式をBlackstoneに譲渡
令和3年（2021年）4月	・日本製薬株式会社を株式交換により100%子会社化
令和4年（2022年）10月	・日本製薬株式会社の大阪工場を除く血漿分画製剤事業を当社が会社分割により承継
令和5年（2023年）2月	・免疫介在性疾患領域における後期開発パイプラインを有するNimbus Lakshmi, Inc.の全株式を取得

𝑝𝑜𝑖𝑛𝑡 創業は江戸時代の天明元年（1781年）

創業後1871年に四代目長兵衛が洋薬の輸入を開始。1895年には大阪で製薬事業を開始。1914年の第一次世界大戦による輸入品減少を契機に製薬事業を強化。第二次世界大戦後には抗生物質の研究を強化し，栄養不足改善のためにビタミン剤を供給。1954年にアリナミンを発売。1960年代前半頃から糖尿病治療薬や降圧剤の研究開発を強化した。

　当社グループは連結財務諸表提出会社（以下，「当社」）と連結子会社（パートナーシップを含む）180社，持分法適用関連会社17社を合わせた198社により構成されております。当社グループの主要な事業は，医薬品の研究，開発，製造および販売であり，消化器系疾患，希少疾患，血漿分画製剤（免疫疾患），オンコロジー（がん），およびニューロサイエンス（神経精神疾患）の主要ビジネスエリアにフォーカスしております。研究開発については，「消化器系・炎症性疾患」，「ニューロサイエンス」，「オンコロジー」，「希少遺伝子疾患および血液疾患」を4つの重点疾患領域とした「革新的なバイオ医薬品」に，「血漿分画製剤」および「ワクチン」を加えた3つの分野に当社グループの研究開発分野を絞り込み，研究開発拠点における研究開発活動，および社外パートナーとの提携を通じてパイプラインの強化に取り組んでおります。

　当年度末における，当社グループを構成している主要な会社の当該事業に係る位置付けの概要は次のとおりであります。なお，当社グループは，「医薬品事業」の単一セグメントのため，セグメント情報の記載を省略しております。

　日本においては，当社が研究開発，製造および販売を行っております。

　日本を除くその他の地域においては，各国に展開している子会社・関連会社が研究開発，製造および販売機能を担っております。これらのうち米国における主要な子会社は武田ファーマシューティカルズU. S. A., Inc.，バクスアルタ US Inc.，米州武田開発センター Inc.等であり，欧州およびカナダにおいては，武田ファーマシューティカルズ・インターナショナル AG，武田GmbH等です。またその他の地域における主要な製造および販売会社は武田（中国）国際貿易有限公司，武田 Distribuidora Ltda.等であります。

(point) **高成長期を経て停滞期に突入**

　1993年6月に就任した武田国男社長の下で，海外展開が軌道に乗り，大型新薬発売が相次いだことから，利益が急速に伸びた。その後，稀に見る成長を経験したが，2003年に長谷川閑史社長が就任した後の2007年3月期に業績はピークを打ち，米国市場の成長鈍化，研究開発面では自社品の停滞が続き，厳しい環境が続いている。

以上で述べた事項の概要図は次のとおりであります。

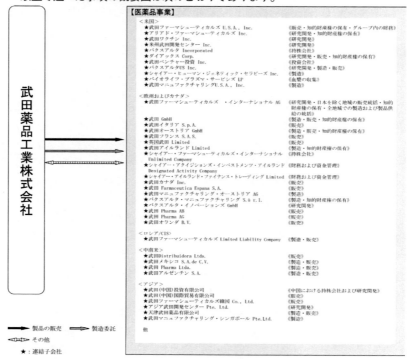

武田薬品工業株式会社

【医薬品事業】

\<米国\>
★武田ファーマシューティカルズ U.S.A., Inc. 《販売・知的財産権の保有・グループ内の財務》
★アリアド・ファーマシューティカルズ Inc. 《研究開発・知的財産権の保有》
★武田ワクチン Inc. 《研究開発》
★米州武田開発センター Inc. 《研究開発》
★バクスアルタ Incorporated 《持会社》
★ダイアックス Corp. 《研究開発・販売・知的財産権の保有》
★武田ベンチャー投資 Inc. 《投資会社》
★バクスアルタUS Inc. 《研究開発・製造・販売》
★シャイアー・ヒューマン・ジェネティック・セラピーズ Inc. 《血漿の収集》
★バイオライフ・プラズマ・サービシズ LP 《血漿の収集》
★武田マニュファクチャリングU.S.A., Inc. 《製造》

\<欧州およびカナダ\>
★武田ファーマシューティカルズ ・インターナショナル AG 《研究開発・日本を除く地域の販売統括・知的財産権の保有・全地域での製造および製品供給の統括》
★武田 Gmbll 《製造・販売・知的財産権の保有》
★武田イタリア S. p. A. 《販売》
★武田オーストリア GmbH 《製造・販売・知的財産権の保有》
★武田フランス S.A.S. 《販売》
★英国武田 Limited 《販売》
★武田アイルランド Limited 《製造・知的財産権の保有》
★シャイアー・ファーマシューティカルズ・インターナショナル 《持株会社》
　Unlimited Company
★シャイアー・アクイジションズ・インベストメンツ・アイルランド 《財務および資金管理》
　Designated Activity Company
★シャイアー・アイルランド・ファイナンス・トレーディング Limited 《財務および資金管理》
★武田カナダ Inc. 《販売》
★武田 Farmaceutica Espana S.A. 《販売》
★武田マニュファクチャリング・オーストリア AG 《製造》
★バクスアルタ・マニュファクチャリング S.à r.l. 《製造・知的財産権の保有》
★バクスアルタ・イノベーションズ GmbH 《研究開発》
★武田 Pharma AB 《販売》
★武田 Pharma AG 《販売》
★武田オランダ B. V. 《販売》

\<ロシア/CIS\>
★武田ファーマシューティカルズ Limited Liability Company 《製造・販売》

\<中南米\>
★武田Distribuidora Ltda. 《販売》
★武田メキシコ S.A. de C.V. 《製造・販売》
★武田 Pharma Ltda. 《製造・販売》
★武田アルゼンチン S. A. 《製造・販売》

\<アジア\>
★武田（中国）投資有限公司 《中国における持株会社および研究開発》
★武田（中国）国際貿易有限公司 《販売》
★武田ファーマシューティカルズ韓国 Co., Ltd. 《販売》
★アジア武田開発センター Pte. Ltd. 《研究開発》
★天津武田薬品有限公司 《製造・販売》
★武田マニュファクチャリング・シンガポール Pte.Ltd. 《製造》

他

→ 製品の販売　⇒ 製造委託
◁▪▪▫ その他
★：連結子会社

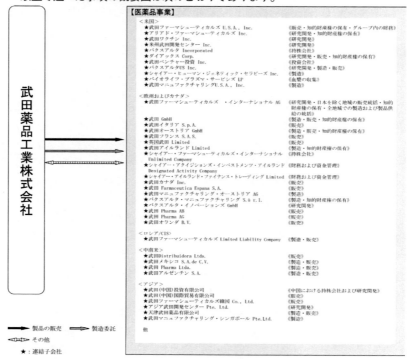

(point) **事業の内容**

　会社の事業がどのようにセグメント分けされているか，そして各セグメントではどの
ようなビジネスを行っているかなどの説明がある。また最後に事業の系統図が載せて
あり，本社，取引先，国内外子会社の製品・サービスや部品の流れが分かる。ただセ
グメントが多いコングロマリットをすぐに理解するのは簡単ではない。

（連結子会社（パートナーシップを含む））

2023年3月31日現在

地域	名称	住所	資本金又は出資金	主要な事業の内容	議決権の所有割合 直接所有(%)	間接所有(%)	合計(%)	関係内容 役員の兼任	資金援助	営業上の取引	その他
米国	武田ファーマシューティカルズU.S.A., Inc.(株)	米国マサチューセッツ州レキシントン	21米国ドル	医薬品事業	72.7	27.3	100.0	—	—	当社が医薬品を販売	当社が資金を借入 当社が家賃等の支払を保証
	アリアド・ファーマシューティカルズ Inc.	米国マサチューセッツ州ケンブリッジ	6米国ドル	医薬品事業	—	100.0	100.0	—	—	—	—
	武田ワクチン Inc.	米国マサチューセッツ州ケンブリッジ	1米国ドル	医薬品事業	—	100.0	100.0	—	—	—	—
	米州武田開発センター Inc.	米国マサチューセッツ州レキシントン	1米国ドル	医薬品事業	—	100.0	100.0	—	—	当社が医薬品の開発・許可取得を委託	—
	バクスアルタ Incorporated	米国イリノイ州バンノックバーン	10米国ドル	医薬品事業	—	100.0	100.0	—	—	—	当社が社債の償還を保証
	ダイアックス Corp.(株)	米国マサチューセッツ州レキシントン	215米国ドル	医薬品事業	—	100.0	100.0	—	—	—	—
	武田ベンチャー投資 Inc.	米国カリフォルニア州サンディエゴ	2米国ドル	医薬品事業	—	100.0	100.0	有	—	—	—
	バクスアルタUS Inc.	米国イリノイ州バンノックバーン	1米国ドル	医薬品事業	—	100.0	100.0	—	—	当社が医薬品等を購入	—
	シャイアー・ヒューマン・ジェネティック・セラピーズ Inc.(株)	米国マサチューセッツ州レキシントン	10米国ドル	医薬品事業	—	100.0	100.0	—	—	—	—
	バイオライフ・プラズマ・サービシズ LP	米国イリノイ州バンノックバーン	0米国ドル	医薬品事業	—	100.0	100.0	—	—	—	—
	武田マニュファクチャリングU.S.A., Inc.	米国マサチューセッツ州レキシントン	10米国ドル	医薬品事業	—	100.0	100.0	—	—	—	—
欧州およびカナダ	武田ファーマシューティカルズ・インターナショナル AG(株)	スイスオプフィコン	5万スイスフラン	医薬品事業	100.0	—	100.0	—	—	当社が医薬品を販売	当社が資金を借入
	武田 GmbH	ドイツコンスタンツ	11百万ユーロ	医薬品事業	—	100.0	100.0	—	—	—	—
	武田イタリア S.p.A.	イタリアローマ	11百万ユーロ	医薬品事業	—	100.0	100.0	—	—	—	—
	武田オーストリア GmbH	オーストリアリンツ	15百万ユーロ	医薬品事業	—	100.0	100.0	—	—	—	—
	武田フランス S.A.S.	フランスパリ	3百万ユーロ	医薬品事業	—	100.0	100.0	—	—	—	—
	英国武田 Limited	英国ロンドン	50百万ポンド	医薬品事業	—	100.0	100.0	—	—	—	—
	武田アイルランド Limited	アイルランドキルダリー	396百万ユーロ	医薬品事業	100.0	—	100.0	—	—	—	—
	シャイアー・ファーマシューティカルズ・インターナショナル Unlimited Company(株)	アイルランドダブリン	6,892百万米国ドル	医薬品事業	—	100.0	100.0	—	—	—	—
	シャイアー・アクイジションズ・インベストメンツ・アイルランド Designated Activity Company	アイルランドダブリン	20米国ドル	医薬品事業	100.0	—	100.0	—	—	—	当社が社債の償還を保証
	シャイアー・アイルランド・ファイナンス・トレーディング Limited(株)	アイルランドダブリン	3,163百万米国ドル	医薬品事業	100.0	—	100.0	有	—	—	当社が資金を貸付
	武田カナダ Inc.	カナダトロント	41百万カナダドル	医薬品事業	—	100.0	100.0	—	—	—	—
	武田 Farmaceutica Espana S.A.	スペインマドリード	2百万ユーロ	医薬品事業	—	100.0	100.0	—	—	—	—
	武田マニュファクチャリング・オーストリア AG	オーストリアウィーン	100千ユーロ	医薬品事業	—	100.0	100.0	—	—	—	—

地域	名称	住所	資本金又は出資金	主要な事業の内容	議決権の所有割合			関係内容			
					直接所有(%)	間接所有(%)	合計(%)	役員の兼任	資金援助	営業上の取引	その他
欧州およびカナダ	バクスアルタ・マニュファクチャリング S.à.r.l.	スイス ヌーシャテル	3百万スイスフラン	医薬品事業	30.5	69.5	100.0	-	-	-	-
	バクスアルタ・イノベーションズ GmbH	オーストリア ウィーン	36百万ユーロ	医薬品事業	-	100.0	100.0	-	-	-	当社がリース料の支払を保証
	武田 Pharma AB	スウェーデン ストックホルム	2百万スウェーデンクローナ	医薬品事業	-	100.0	100.0	-	-	-	-
	武田 Pharma AG	スイス チューリッヒ	550千スイスフラン	医薬品事業	-	100.0	100.0	-	-	-	-
	武田オランダ B.V.	オランダ ホーフトドルプ	5百万ユーロ	医薬品事業	-	100.0	100.0	-	-	-	-
ロシア	武田ファーマシューティカルズ Limited Liability Company	ロシア モスクワ	26千ロシアルーブル	医薬品事業	-	100.0	100.0	-	-	-	-
中南米	武田 Distribuidora Ltda.	ブラジル サンパウロ	140百万ブラジルレアル	医薬品事業	-	100.0	100.0	-	-	-	-
	武田メキシコ S.A. de C.V.	メキシコ ナウカルパン	387百万メキシコペソ	医薬品事業	-	100.0	100.0	-	-	-	-
	武田 Pharma Ltda.	ブラジル サンパウロ	7百万ブラジルレアル	医薬品事業	-	100.0	100.0	-	-	-	-
	武田アルゼンチン S.A.	アルゼンチン ブエノスアイレス	853百万アルゼンチンペソ	医薬品事業	-	100.0	100.0	-	-	-	-
アジア	武田(中国)投資有限公司	中国 上海	192百万米国ドル	医薬品事業	100.0	-	100.0	-	-	-	-
	武田(中国)国際貿易有限公司	中国 上海	16百万米国ドル	医薬品事業	-	100.0	100.0	-	-	-	-
	武田ファーマシューティカルズ韓国 Co., Ltd.	韓国 ソウル	2,100百万韓国ウォン	医薬品事業	-	100.0	100.0	-	-	-	-
	アジア武田開発センター Pte. Ltd.	シンガポール	5百万シンガポールドル	医薬品事業	100.0	-	100.0	-	-	-	-
	天津武田薬品有限公司	中国 天津	155百万米国ドル	医薬品事業	100.0	-	100.0	-	-	-	-
	武田マニュファクチャリング・シンガポール Pte. Ltd.	シンガポール	306百万米国ドル	医薬品事業	-	100.0	100.0	-	-	-	-
	その他140社										

（持分法適用関連会社）　17社

（注）1　資本金又は出資金欄には，百万単位以上の会社については百万単位未満を四捨五入した金額を，百万単位未満千単位以上の会社については千単位未満を四捨五入した金額を記載しております。

　　　2　主要な事業の内容欄には，セグメントの名称を記載しております。

　　　3　武田ファーマシューティカルズ U.S.A., Inc.については，売上収益（連結会社相互間の内部売上収益を除く）の連結売上収益に占める割合が10%を超えております。

主要な損益情報等　　　　　　武田ファーマシューティカルズ U.S.A., Inc.

(1)	売上収益	2,186,566
(2)	営業利益	218,947
(3)	当期利益	761,856
(4)	資本合計	4,928,042
(5)	資産合計	8,948,412

　　　4　役員の兼任に関する用語は次のとおりです。

兼任…当社グループの役員が該当会社の役員である場合

 関係会社の状況

主に子会社のリストであり，事業内容や親会社との関係についての説明がされている。特に製造業の場合などは子会社の数が多く，すべてを把握することは難しいが，重要な役割を担っている子会社も多くある。有報の他の項目では一度も触れられていない場合が多いので，気になる会社については個別に調べておくことが望ましい。

5　（※）は特定子会社に該当します。

5　従業員の状況

（1）　連結会社の状況 ···

2023年3月31日現在

セグメントの名称	従業員数（人）
医薬品事業	49,095
合計	49,095

（注）1　従業員数は臨時従業員を除く正社員の就業人員数であります。なお，当社は工数換算ベース（※）
　　　　で従業員数を把握しております。
　　　（※）正社員のうちパートタイム労働者がいる場合，フルタイム労働者に換算して人数を算出する。

（2）　提出会社の状況 ···

2023年3月31日現在

従業員数（人）	平均年齢（歳）	平均勤続年数（年）	平均年間給与（千円）
5,486	42.8	14.0	10,972

セグメントの名称	従業員数（人）
医薬品事業	5,486
合計	5,486

（注）1　従業員数は臨時従業員を除く正社員の就業人員数であります。なお，当社は工数換算ベース（※）
　　　　で従業員数を把握しております。
　　　（※）正社員のうちパートタイム労働者がいる場合，フルタイム労働者に換算して人数を算出する。
　　　2　平均年間給与は，賞与および基準外賃金を含んでおります。

（3）　労働組合の状況 ···

　1948年に武田薬工労働組合連合会（1946年各事業場別に組織された単位組合の連合体）が組織されました。1968年7月に連合会組織を単一化し，武田薬品労働組合と改組いたしました。2023年3月31日現在総数4,015人の組合員で組織されております。

　当社グループの労働組合組織としては，友誼団体として1948年に当社と資本関係・取引関係のある6組合で武田労働組合全国協議会が結成されました。その

(point)　企業買収で新興国事業を一気に拡大

　ナイコメッドの買収により，進出国は従来の28ヵ国から約70ヵ国に拡大。特に，ロシア，中国，ブラジル，トルコ，メキシコなど成長著しい新興国においてプレゼンスを一気に高めた。新興国に強いナイコメッドを活用した売上の増加や，ナイコメッドの持つ慢性閉塞性肺疾患治療剤「ダクサス」による業績への貢献も期待できる。

後，1969年に武田関連労働組合全国協議会（武全協）に改称，2006年に連合団体として武田友好関係労働組合全国連合会（武全連）を結成，2009年の武全協と武全連の統合（存続組織は武全連）を経て，2023年3月31日現在は当社および連結子会社である日本製薬株式会社を含む14の企業内組合（連合会含む）が加盟しております。

　上部団体としては，武全連を通じて，連合傘下のUAゼンセンに加盟しております。

　なお，労使関係について特記事項はありません。

出遅れからの巻き返しを図る中国戦略

　中国は，2016年度までに世界第2位の医薬品市場となることが見込まれるなど，成長著しい市場だ。当社は中国進出で出遅れ，2010年以降ようやく中国を重要戦略地域として市場開拓を本格化し始めた。今後は中国の行政当局と親密な関係を構築し，世界的に強みを持つ糖尿病治療薬，がん分野の新薬を強化していく計画だ。

1 経営方針，経営環境及び対処すべき課題等

タケダの企業理念と「私たちの約束」

　当社の企業理念は，当社が誰であるか，何を行うか，どのように行うか，なぜそれが重要なのかというタケダの豊かなストーリーを伝えています。当社は，240年以上前の創業から現在に至るまで，社会にも役立つ誠実さで患者さんに貢献しています。当社は，「私たちの価値観」（バリュー）に基づき，「私たちの約束」を果たすことを通じて「私たちが目指す未来」（ビジョン）と「私たちの存在意義」（パーパス）を実現することを目指しています。「私たちの約束」とは，データ，デジタルおよびテクノロジー（DD&T）の力を活用し，「Patient」（すべての患者さんのために），「People」（ともに働く仲間のために），「Planet」（いのちを育む地球のために）に取り組むことです。

私たちの存在意義（パーパス）

　「世界中の人々の健康と，輝かしい未来に貢献する」

私たちが目指す未来（ビジョン）

　当社のビジョンは，「すべての患者さんのために，ともに働く仲間のために，いのちを育む地球のために。私たちはこの約束を胸に，革新的な医薬品を創出し続けること」です。

私たちの価値観（バリュー）：タケダイズム

　タケダイズムとは，まず誠実であること。それは公正・正直・不屈の精神で支えられた，当社が大切にしている価値観です。当社は，これを道しるべとしながら「1．患者さんに寄り添い（Patient），2．人々と信頼関係を築き（Trust），3．社会的評価を向上させ（Reputation），4.事業を発展させる（Business）」を日々の行動指針とします。

私たちの約束（インペラティブ）

　当社には，患者さん，ともに働く仲間，そして地域社会に対して果たすべき責任があります。この「私たちの約束」は「私たちの存在意義」と「私たちが目指す未来」を実現するために欠かせない要素です。

(point) 従業員の状況

　　主力セグメントや，これまで会社を支えてきたセグメントの人数が多い傾向があるのは当然のことだろう。上場している大企業であれば平均年齢は40歳前後だ。また労働組合の状況にページが割かれている場合がある。その情報を載せている背景として，労働組合の力が強く，人数を削減しにくい企業体質だということを意味している。

すべての患者さんのために

・私たちは，倫理観をもってサイエンスの革新性を追求します。そして，人々の暮らしを豊かにする医薬品の創出に取り組みます。また，私たちの医薬品を，より多くの人々に迅速にお届けします。

ともに働く仲間のために

・私たちは，理想的な働き方を実現します。

いのちを育む地球のために

・私たちは，自然環境の保全に寄与します。

データとデジタルの力で，イノベーションを起こします

・データを活用して導き出された成果をもとに，もっとも信頼されるバイオ医薬品企業として，これからも変革し続けます。

　当社は，最も信頼される，データ主導型で成果に重きを置いたデジタルバイオ医薬品企業に変革することを目指しています。当社は，中核とする事業を通じて，患者さん，株主，社会に対して長期的な価値を提供するとともに，ともに働く仲間や地域コミュニティ，さらには地球に対して良い影響を与えることができるように努めています。

事業環境

　世界の製薬産業においては，イノベーションのスピードはかつてよりも速くなっており，がん免疫療法，細胞療法，遺伝子治療等の新たな医療技術の登場によってさらに促進されていると考えています。また，新型コロナウイルス感染症（COVID-19）の流行拡大が契機となり，世界中の人々に命を救うワクチンや治療薬を驚異的な速さで提供するといった新しいイノベーションの時代が到来しました。このような医療イノベーションによる成果が現れてきた一方，高齢化や生活スタイルの変化，複合疾患に対するより高度で先進的な治療法の利用等によってヘルスケアに対する投資額はここ10年，先進国の国内総生産や国内総所得を上回る速度で増加してきました。

　このため，保険者は保険償還対象となる医薬品をより厳格に選定するようになっています。各国政府は後発品やバイオシミラーの使用を促進し，薬価引き下

げの圧力を強めています。また，英国の償還価格決定制度に見られるように予測不能で急激な支払率の引き上げは，イノベーションに対する影響が懸念されます。さらに，医療アクセスの格差が拡大していることから，医療の公平性に対処するための医療アクセスの改善や政策に対する必要性が高まっています。当社は，現在主流の「出来高払いの診療報酬モデル」から，成果に基づく支払と品質の確保を目指す「価値に基づく保険医療モデル」への移行により，医療費の増加のペースを抑えるとともに，対象となる患者さんを拡大し，公平性を改善することができると考えています。

　地政学的な視点では，地域紛争や多国間紛争により世界経済の先行きが不透明となる中，グローバル企業はさらなるリスクに晒されており，リスクが一段と高まっていると考えています。長引く新型コロナウイルス感染症（COVID-19）の流行による影響と，これらの地政学的要因とが相まって，主要産業における供給の途絶，エネルギー価格の上昇，労働市場における圧力の上昇が引き起こされています。しかしながら，世界的なパンデミックが経済や健康に及ぼす影響を認識しつつも，次のパンデミックに備えた世界の取り組みの進展は依然として十分ではありません。新たに世界的なパンデミックが生じた場合，計画や対策不足の結果，最も脆弱な人々が被害を受けることになります。さらに，公衆衛生は気候変動が及ぼす影響と密接に結びついており，気温上昇に伴い拡大する疾患や影響を受ける地域の患者さんの医療アクセスに関連した課題が生じます。

　現在のこのような事業環境の下では，当社の患者さんへのコミットメントと，患者さんをサポートするための取り組みは，これまで以上に重要になっています。

Patient（すべての患者さんのために）

　当社は，患者さんやコミュニティに高品質の医薬品やワクチンをできる限り早くお届けするために，希少疾患とより一般的な疾患の両方において，最も高いアンメットニーズに集中して取り組んでいます。私たちは，患者さんの人生を変え得る科学の力を追求し，開発の加速と承認取得に繋げるデータを創出し，イノベーションを推進するためにデジタルの規模を拡大しています。当社の研究開発プログラムは，ヒトにおけるバリデーションがなされたターゲットに基づき，多様なモダリティ（創薬手法）を網羅するものであり，細胞治療やデータサイエンスの

---

point **業績等の概要**

　この項目では今期の売上や営業利益などの業績がどうだったのか，収益が伸びたあるいは減少した理由は何か，そして伸ばすためにどんなことを行ったかということがセグメントごとに分かる。現在，会社がどのようなビジネスを行っているのか最も分かりやすい箇所だと言える。

領域で蓄積された研究能力を活用して進められています。当社は，パイプラインの開発加速から，品質と効率性の向上を図るための製造工程におけるデジタル化，医療従事者や患者さんの対応に至るまで，データ，デジタルおよびテクノロジー（DD&T）を幅広く活用しています。DD&Tには，当社の事業に変革をもたらし，患者さんの人生を変え得るより良い治療経験と治療結果を生み出す可能性があると考えています。

パイプラインには成果が現れています。2022年度には，デング熱ワクチンのQDENGAが流行国を含む多くの国で承認されました。当社は，当社の価値観に基づき，疾病負荷が最も高く，医薬品やワクチンへのアクセスの障壁が特に複雑な国を優先しています。さらに，当社の段階的な価格設定戦略に沿って，より広範なアクセスを確保するため，各国の経済発展段階や医療制度の成熟度に応じて当ワクチンの価格を調整することに取り組んでいます。主要な研究開発活動の内容および進捗の詳細については，「6　研究開発活動」をご参照ください。

QDENGAの製造施設では，デジタル技術が製品品質と生産性の向上に役立っています。ドイツのジンゲンでは，ワクチン生産を強化するために，最新の工程設備を備えたワクチン施設を建設しました。また，偽造防止技術を活用し，正規のサプライチェーンに入るすべての製品が真正品であること，偽造ワクチンを容易に特定できることを保証し，ワクチンの信頼性と接種の向上を支援しています。

People（ともに働く仲間のために）

当社は，科学や技術がどれだけ進歩しても，意義のある変革をもたらすことができるのは人の力であることを認識しています。私たちは，どこでも，いつでも，どのようなときでも，患者さんのためにイノベーションを加速することを支援する，特別で包括的な職場環境を作ることを目指しています。私たちは，柔軟性の確保，定期的な対面での交流によるインクルージョンの促進，データや知見に重点を置いた働き方を進化させることでこれを行っています。また，ピープルリーダーは，チームにとって最善の働き方を実行するため率先して取り組んでいます。

当社は，このような取り組みの一環として，当社オフィスを従業員の心身の健康の維持（ウェルビーイング）と学びを中心とした「タケダ・コミュニティスペース」に変革しています。これらの空間は対面での交流を最大化するために設計さ

(point) 生産，受注及び販売の状況

生産高よりも販売高の金額の方が大きい場合は，作った分よりも売れていることを意味するので，景気が良い，あるいは会社のビジネスがうまくいっていると言えるケースが多い。逆に販売額の方が小さい場合は製品が売れなく，在庫が増えて景気が悪くなっていると言える場合がある。

れており，持続可能な環境において人々が集中し，協力し，より密接につながることができるものとなっています。

　また，従業員のスキルアップやケイパビリティを開発し，持続的な成長に向けて，機動的で柔軟な組織を構築しています。当社のオンラインの学習プラットフォームであるBloomは，従業員が専門的な学習計画を設計することを可能にし，個人の能力の最高に到達できるよう，生涯学習の文化を醸成することを支援しています。

　健康改善への取り組みの一環としては，当社は行動保健プラットフォームであるThriveと提携し，従業員の全体的なウェルビーイングの改善，精神的回復力の構築，生産性の向上を支援しています。

　これらは，ウェルビーイングを促進し業績を向上させ，柔軟性を受け入れて定期的な対面での交流の価値を重視することにつながるなど，従業員の理想的な働き方の実現を支援する取り組みであるとともに，変革を推進することで当社の競争優位性にもなり得るものと考えています。

Planet（いのちを育む地球のために）

　当社は，地球温暖化や環境汚染が人々の健康に影響を及ぼすことを認識しており，環境課題に対する高い意識とリーダーシップをもって取り組んでいます。「私たちの存在意義」（パーパス）を実現するためには，人々の健康には健全な地球環境が必要であり，人々の健康に貢献するだけでは充分ではないと考えております。当社では，環境負荷を低減するためにクリーンエネルギーを優先的に使用するだけでなく，ネットゼロの達成およびバリューチェーン全体で温室効果ガス排出を無くすべく取り組んでいます。具体的には，当社の環境サステナビリティの取り組みとして，Science Based Targets initiative（SBTi）企業ネットゼロ基準に従った2040年までのネットゼロの達成，天然資源の保全，サステナビリティ原則を念頭に置いた製品の設計に注力しています。

　当社は，温室効果ガス排出量削減の目標に向けて顕著な進展を遂げています。2022年9月に米国のEnel North America社と締結した12年間のバーチャル電力販売契約では，当社の現在の事業活動におけるスコープ1および2の温室効果ガス排出量の約20%に相当する最大で年間35万メガワット時（MWh）の再生可

能エネルギークレジットを創出する見込みです。

　当社はまた，2023年3月に，当社初のポジティブ・エネルギーを達成したビルをシンガポールに開設したことを公表しました。建物のエネルギーの少なくとも115%は現地の再生可能電源から供給されており，消費量よりも多くの電力を発生させています。

財務実績

　当社の財務実績は，当社が新たな局面を迎えるにあたり，持続的な推進力を有していることを示しています。財務規律により創出されるフリー・キャッシュ・フロー，利益率の向上，およびレバレッジ低下策の推進などを通じて，当社は，成長ドライバーやパイプラインの強化に向けたさらなる投資が可能となり，株主還元も実施しています。また，将来予測に基づき，当社の財務プロファイルを計画・管理することによって，インフレ耐性を高め，金利上昇に対するエクスポージャーを最小限に抑えています。このような財務状況のもと，当社は，現在，臨床段階にある約40の開発プログラムについて，社内の研究開発エンジンおよび200社以上との提携を通じて多様なパイプラインの拡充に向けた取り組みを進めています。さらに，長期的な成長力を獲得するため，社内外の投資機会に戦略的に投資を行っています。

　TAK-279は，乾癬や炎症性腸疾患，乾癬性関節炎，全身性エリテマトーデスを含む複数の免疫介在性疾患において，ベスト・イン・クラスになり得る高度に選択的な経口アロステリックチロシンキナーゼ2（TYK2）阻害薬であり，非常に大きく成長する可能性を有しています。当社は2025年度から2027年度にかけて，乾癬を適応症として当局に承認申請を行っていくことを目指しており，さらに，今後10年の成長に向けた取り組みを強化してまいります。

　短期的には，2023年度に主に米国の注意欠陥／多動性障害治療剤「VYVANSE」の独占販売期間が満了することにより逆風に晒されることが想定されますが，中長期的には，タケダの成長製品・新製品＊が売上収益の成長を牽引していくことを見込んでいます。2022年度には，当社のトップ製品である潰瘍性大腸炎・クローン病治療剤「ENTYVIO」（国内製品名：「エンタイビオ」）について，グローバル売上の持続的な成長見通しとバイオシミラー参入時期の想定の見直しに基づ

---

point 🅟 **対処すべき課題**

　有報のなかで最も重要であり注目すべき項目。今，事業のなかで何かしら問題があればそれに対してどんな対策があるのか，上手くいっている部分をどう伸ばしていくのかなどの重要なヒントを得ることができる。また今後の成長に向けた技術開発の方向性や，新規事業の戦略についての理解を深めることができる。

き，将来売上予測のレンジを引き上げました。今後の新製品の上市も売上収益の伸長をさらに加速させるものと見込んでいます。

中長期的には，当社は競争力のある利益率を維持し，潤沢なキャッシュ・フローを創出してまいります。当社は，研究開発，血漿分画製剤事業や新製品の上市に対して，また，株主還元のコミットメントに向けて引き続き資金を配分してまいります。

* タケダの成長製品・新製品（2023年度以降）
　消化器系疾患：ENTYVIO，アロフィセル
　希少疾患：タクザイロ，LIVTENCITY
　血漿分画製剤（免疫疾患）：GAMMAGARD LIQUID/KIOVIG，HYQVIA，CUVITRU を含む免疫グロ
　　　　　　　　　　　　　　　ブリン製剤，HUMAN ALBUMIN，FLEXBUMIN を含むアルブミン製剤
　オンコロジー：アルンブリグ，EXKIVITY
　その他：QDENGA

（新型コロナウイルス感染症（COVID-19）拡大による影響と当社の取り組み）

新型コロナウイルス感染症（COVID-19）の大流行が発生してから3年が経過し，多くの国でCOVID-19に対するワクチンや治療薬が広く普及し，移動制限などの厳格な感染拡大防止策が緩和されてきています。当社は，当社プロトコールに加えて，各国・地域の公衆衛生関連規制を引き続き遵守し，従業員の健康と安全や当社医薬品を必要とされている患者さんへの提供を確保するため，新しい変異株を含め，COVID-19が当社の事業活動に及ぼす潜在的な影響を注視してまいります。

当社は，当年度，Novavax社からライセンス供与と技術移転を受けた組換えスパイクタンパクを抗原としたCOVID-19ワクチン「ヌバキソビッド筋注」を当社の光工場において製造し，日本国内において供給を行いました。当社は，Novavax社と協力しオミクロン株を含む変異株に対応したワクチンの開発を進めています。また，Moderna社との提携を通じて，引き続き，COVID-19に対するmRNAワクチンである「スパイクバックス筋注」（オミクロン株対応の二価ワクチン）の日本国内における流通支援を行ってまいります。

（ウクライナとロシアにおける事業について）

すべての患者さんと従業員を大切にするという私たちの変わらぬ約束は，危機

の中において，より重要なものとなっています。当社は従業員の安全を確保し，ウクライナや周辺地域の患者さんに必要な医薬品を提供し続けるために，あらゆる努力を重ねています。

　当社は，患者さんへの医薬品の安定供給を維持するために必要不可欠な活動を除き，ロシアにおける活動を中止しました。これには，すべての新規投資の中止，広告・宣伝活動の中止，新規の臨床試験を実施しないこと，および進行中の臨床試験への新規患者登録の中止が含まれております。当社はタケダイズムと患者さんを中心に考えるという私たちの価値観，そして私たちの医薬品や治療法を必要とするウクライナやロシア，周辺地域の患者さんへの倫理的な責任に基づいた必要不可欠な活動に注力します。それと同時に，当社はロシアに課せられたすべての国際的な制裁を遵守しています。

　また，ウクライナで被害を受けた方々への寄付金や医薬品の無償提供などの人道的支援活動を実施しました。そして，地域の患者さんに対する支援についても検討を続けます。

　当年度のロシア/CISにおける売上収益は，連結の売上収益4兆275億円の2.2%でした（「4．経営者による財政状態，経営成績及びキャッシュ・フローの状況の分析，（2）経営者の視点による経営成績等の状況に関する分析・検討内容，①当年度の経営成績等の状況に関する認識および分析・検討内容，（a）当年度の経営成績の分析，（iii）当年度における業績の概要」の地域別売上収益をご参照ください）。これら国々における危機による当年度の当社業績に対する重大な影響はありませんでした。しかしながら，今後の事態の進展によっては，当社の業績や財務状況に悪影響が生じる可能性があります。

［主要製品一覧］

　消化器系疾患領域における主要製品は以下の通りです。

・ENTYVIO（ベドリズマブ）：「ENTYVIO」（日本の製品名：エンタイビオ）は，中等症から重症の潰瘍性大腸炎・クローン病に対する治療剤です。「ENTYVIO」は，2014年に米国および欧州において発売以来，売上が伸長しており，2023年3月期の当社グループの売上トップ製品です。現在，「ENTYVIO」は世界70カ国以上で承認されています。当社は本剤の可能性を最大化するため，その他

の国においても本剤の承認取得を進め，さらなる適応症の開発を行うとともに，皮下注射製剤の開発を行います。2023年3月期における「ENTYVIO」の売上収益は7,027億円となりました。

・アロフィセル（ダルバドストロセル）：「アロフィセル」は，非活動期／軽度活動期の成人の管腔型クローン病患者さんにおける，少なくとも一回以上の既存治療または生物学的製剤による治療が効果不十分であった複雑痔瘻に対する治療薬です。「アロフィセル」は，2018年に欧州の中央審査により販売承認（MA）された，欧州初の同種異系幹細胞療法であり，日本でも2021年に承認されました。2023年3月期における「アロフィセル」の売上収益は27億円となりました。

・タケキャブ/VOCINTI（ボノプラザンフマル酸塩）：酸関連疾患の治療剤「タケキャブ」は，2015年に日本で発売され，逆流性食道炎や低用量アスピリン投与時における胃潰瘍・十二指腸潰瘍の再発抑制などの効能により飛躍的な成長を遂げました。「タケキャブ」（中国の製品名：VOCINTI）は，2019年に胃食道逆流症の治療剤として中国で承認されました。2023年3月期における「タケキャブ/VOCINTI」の売上収益は1,087億円となりました。

・GATTEX/レベスティブ（テデュグルチド[DNA組換え型]）：非経口（静脈栄養）サポートを必要とする短腸症候群（SBS）の治療薬です。成人用および小児用の効能を有する「GATTEX/レベスティブ」が米国，欧州，日本において承認されました。2023年3月期における「GATTEX/レベスティブ」の売上収益は931億円となりました。

・DEXILANT（dexlansoprazole）：「DEXILANT」は，全グレードのびらん性逆流性食道炎の治療およびその維持療法，症候性非びらん性胃食道逆流症（GERD）に伴う胸やけの緩和・治療など，胃酸関連疾患の治療薬です。当年度において一時的に売上が伸長しましたが，後発品の市場参入により，売上は引き続き減少傾向にあると見込まれます。2023年3月期における「DEXILANT」の売上収益は694億円となりました。

希少疾患領域における主要製品は以下の通りです。

- タクザイロ（ラナデルマブ）：「タクザイロ」は，遺伝性血管性浮腫（HAE）の発作予防に用いられます。「タクザイロ」は，HAEの患者さんにおいて慢性的に制御不能な酵素である血漿カリクレインに選択的に結合し，減少させる完全ヒト型モノクローナル抗体です。「タクザイロ」は2018年に米国と欧州にて，2020年に中国にて，2022年に日本にて承認され，さらなる地理的拡大を目指しています。2023年3月期における「タクザイロ」の売上収益は1,518億円となりました。

- LIVTENCITY (maribavir)：「LIVTENCITY」は，成人患者さんと小児患者さん（12歳以上で体重35kg以上）に対する，ガンシクロビル，バルガンシクロビル，ホスカルネット，またはシドフォビルに対して遺伝子型抵抗性（無しも含みます）を示す難治性の移植後サイトメガロウイルス（CMV）感染／感染症治療薬であり，2021年12月に米国において発売され，2022年11月に欧州において承認されました。「LIVTENCITY」はpUL97プロテインキナーゼとその天然基質を標的として阻害する経口投与可能な最初で唯一の抗CMV治療薬であり，発売当初から売上が順調に伸長しています。2023年3月期における「LIVTENCITY」の売上収益は105億円となりました。

- エラプレース（イデュルスルファーゼ）：「エラプレース」は，ハンター症候群（ムコ多糖症II型またはMPSII）に対する酵素補充治療薬です。2023年3月期における「エラプレース」の売上収益は853億円となりました。

- リプレガル（アガルシダーゼアルファ）：「リプレガル」は，ファブリー病に対して米国以外の市場で販売され，2020年に中国でも承認された酵素補充療法治療薬です。当社は，2022年2月に大日本住友製薬株式会社から「リプレガル」の日本における製造販売承認を承継し，同剤の販売の移管を受けました。ファブリー病は，脂肪の分解に関与するリソソーム酵素 α - ガラクトシダーゼAの活性の欠如に起因する遺伝子性の希少疾患です。2023年3月期における「リプレガル」の売上収益は667億円となりました。

- アドベイト（抗血友病因子（遺伝子組換え型））：「アドベイト」は，血友病A（血液凝固第VIII因子欠乏）の治療薬であり，出血の制御と予防，周術期管理および出血の頻度を予防または軽減するために行う定期補充療法に使用されます。

(point) **事業等のリスク**

「対処すべき課題」の次に重要な項目。新規参入により長期的に価格競争が激しくなり企業の体力が奪われるようなことがあるため，その事業がどの程度参入障壁が高く安定したビジネスなのかなど考えるきっかけになる。また，規制や法律，訴訟なども企業によっては大きな問題になる可能性があるため，注意深く読む必要がある。

2023年3月期における「アドベイト」の売上収益は1,182億円となりました。
・アディノベイト/ADYNOVI（抗血友病因子（遺伝子組換え型）[PEG化]）：「アディノベイト/ADYNOVI」は，血友病A治療薬であり，遺伝子組換え型半減期延長第Ⅷ因子製剤です。「アディノベイト/ADYNOVI」は遺伝子組換え型半減期延長第Ⅷ因子製剤「アドベイト」と同じ製造工程で作られ，当社がネクター社より独占的にライセンス取得しているPEG化（体内での循環時間を延長し，投与頻度を減らすための化学修飾処理）技術を追加したものです。2023年3月期における「アディノベイト/ADYNOVI」の売上収益は666億円となりました。

血漿分画製剤（免疫疾患）領域における主要製品は以下の通りです。
・GAMMAGARD LIQUID/KIOVIG（静注用人免疫グロブリン10％製剤）：「GAMMAGARD LIQUID」は，抗体補充療法用免疫グロブリン（以下，「IG」）の液体製剤です。「GAMMAGARD LIQUID」は，原発性免疫不全症（PID）の成人および2歳以上の小児患者さんに対して使用され，静注または皮下注のいずれかの方法で投与します。また，「GAMMAGARD LIQUID」は，成人の多巣性運動ニューロパチー（MMN）患者さんに対しても静注投与にて使用されます。「GAMMAGARD LIQUID」は，米国以外の多くの国で製品名「KIOVIG」として販売されています。「KIOVIG」は，欧州においてPIDおよび特定の続発性免疫不全症患者さん，ならびに成人のMMN患者さんへの使用が承認されています。
・HYQVIA（ヒト免疫グロブリン注射製剤10％））：「HYQVIA」は，ヒト免疫グロブリン（IG）および遺伝子組換え型ヒトヒアルロニダーゼ（Halozyme社よりライセンス取得）からなる製剤です。「HYQVIA」は，PID患者さんに対して最長で1ヶ月に1回の投与で，1回あたりの注射部位一ヶ所でIGの全治療用量の投与が可能な唯一のIG皮下注用治療薬です。「HYQVIA」は，米国では成人PID患者さんへの使用，また欧州においてPID症候群および骨髄腫患者さんまたは重度の続発性低ガンマグロブリン血症および回帰感染を伴う慢性リンパ性白血病患者さんへの使用が承認されております。
・CUVITRU（ヒト免疫グロブリン皮下注用20％製剤）：「CUVITRU」は，原発

性体液性免疫不全症の成人および2歳以上の小児患者さんに対する補充療法に用いられます。「CUVITRU」は，欧州では特定の続発性免疫不全の治療薬としても承認されています。「CUVITRU」は，プロリン不含で，投与部位1ヶ所あたりの耐用量内で最大60mL（12g）および1時間あたり60mLまで投与可能な唯一の20%皮下IG治療薬であり，従来の皮下IG治療薬と比較してより少ない投与部位および短い投与時間での使用が可能です。

2023年3月期における「GAMMAGARD LIQUID/KIOVIG」「HYQVIA」「CUVITRU」を含む免疫グロブリン製剤の売上収益は5,222億円となりました。
・FLEXBUMIN（ヒトアルブミンバッグ製剤）およびヒトアルブミン（ガラス瓶製剤）：「FLEXBUMIN」および「ヒトアルブミン」は，濃度5%および25%の液体製剤として販売されています。両製品とも，血液量減少症，一般的な原因および火傷による低アルブミン血症，ならびに心肺バイパス手術時のポンプのプライミングに使用されます。また，「FLEXBUMIN」25%製剤は，成人呼吸窮迫症候群（ARDS）およびネフローゼに関連する低アルブミン血症，ならびに新生児溶血性疾患（HDN）にも適応されます。2023年3月期における「FLEXBUMIN」および「ヒトアルブミン（ガラス瓶製剤入り）」を含むアルブミン製剤の売上収益は1,214億円となりました。

オンコロジー領域における主要製品は以下の通りです。
・アルンブリグ（ブリグチニブ）：「アルンブリグ」は，非小細胞肺がん（NSCLC）治療に使用される経口投与の低分子未分化リンパ腫キナーゼ（ALK）阻害剤であり，2017年に米国で迅速承認され，2018年に欧州において，2021年に日本において，販売承認を取得しました。2020年5月に米国で初めて，新たにALK陽性転移性NSCLCと診断された患者さんに対する効能が追加され，2022年3月に中国において承認されました。2023年3月期における「アルンブリグ」の売上収益は206億円となりました。
・EXKIVITY（mobocertinib）：「EXKIVITY」は，プラチナ製剤ベースの化学療法を実施中あるいは実施後に病勢が進行した上皮成長因子受容体（EGFR）エクソン20挿入変異を伴う局所進行または転移性非小細胞肺がん（NSCLC）の治

療薬であり，2021年9月に米国において迅速承認制度のもとで承認され，2023年1月に中国の国家薬品監督管理局（NMPA）により承認されました。発売以来，高度医療機関および開業医において売上が急速に伸長しています。2023年3月期における「EXKIVITY」の売上収益は37億円となりました。

- リュープリン／ENANTONE（リュープロレリン）：「リュープリン／ENANTONE」は，前立腺がんや乳がん，小児の中枢性思春期早発症，子宮内膜症，不妊の治療や，子宮筋腫による貧血の症状改善に用いられる治療薬です。リュープロレリンの特許期間は満了していますが，製造の観点から後発品の市場参入は限定的です。2023年3月期における「リュープリン／ENANTONE」の売上収益は1,113億円となりました。

- ニンラーロ（イキサゾミブ）：「ニンラーロ」は，多発性骨髄腫（MM）治療に対する初めての経口プロテアソーム阻害剤です。「ニンラーロ」は，再発又は難治性の多発性骨髄腫の効能で，2015年に米国で承認されて以来，2016年に欧州，2017年に日本，2018年に中国で承認されております。日本においては，多発性骨髄腫の維持療法の治療薬としても承認を受けております。2023年3月期における「ニンラーロ」の売上収益は927億円となりました。

- アドセトリス（ブレンツキシマブ　ベドチン）：「アドセトリス」は，ホジキンリンパ腫（HL）および全身性未分化大細胞リンパ腫（sALCL）の治療に使用される抗癌剤で，2020年5月には中国で承認され世界70カ国以上で販売承認を受けております。当社は，Seagen社と「アドセトリス」を共同開発し，米国およびカナダ以外の国での販売権を保有しています。2023年3月期における「アドセトリス」の売上収益は839億円となりました。

ニューロサイエンス領域における主要製品は以下の通りです。
- VYVANSE/ELVANSE（リスデキサンフェタミンメシル酸塩）：「VYVANSE/ELVANSE」は，6歳以上の注意欠陥・多動性障害（ADHD）患者さんおよび成人の中程度から重度の過食性障害患者さんの治療に用いられる中枢神経刺激剤です。2023年に米国において後発品が市場に参入することにより，今後売上は減少することが見込まれます。2023年3月期における「VYVANSE/

---

point 財政状態，経営成績及びキャッシュ・フローの状況の分析
「事業等の概要」の内容などをこの項目で詳しく説明している場合があるため，この項目も非常に重要。自社が事業を行っている市場は今後も成長するのか，それは世界のどの地域なのか，今社会の流れはどうなっていて，それに対して売上を伸ばすために何をしているのか，収益を左右する費用はなにか，などとても有益な情報が多い。

ELVANSE」の売上収益は4,593億円となりました。
・トリンテリックス（ボルチオキセチン臭化水素酸塩）：「トリンテリックス」は，成人大うつ病性障害の治療に適応される抗うつ薬です。「トリンテリックス」はH.LundbeckA/Sと共同開発し，当社は米国および日本での販売権を保有しており，米国では2014年，また日本では2019年より販売しています。2023年3月期における「トリンテリックス」の売上収益は1,001億円となりました。

　売上収益の地域別内訳は，「第5経理の状況1連結財務諸表等（1）連結財務諸表連結財務諸表注記4事業セグメントおよび売上収益」をご参照下さい。

2　事業等のリスク

ガバナンス

　当社の取締役会は，ビジネスリスクおよび財務開示に関連するものを含め，当社の業務運営を監督する責任を有しています。取締役会は，一定の意思決定権を当社の経営幹部に委譲しています。社長兼チーフ・エグゼクティブ・オフィサー（以下，「社長CEO」）および当社グループ各機能を統括する責任者から構成されるタケダ・エグゼクティブ・チーム（TET）のメンバーは，ビジネス＆サステナビリティ・コミッティー（BSC）およびリスク・エシックス＆コンプライアンス・コミッティー（RECC）を含む特定の経営幹部レベルの委員会において，当社における重要事項について意思決定を行います。BSCは，当社のサステナビリティ戦略および関連する目標，コミットメントを監督する責任を有しています。RECCは，重要なリスクに対する緩和策を含む当社のエンタープライズ・リスク・マネジメント（ERM）プログラムおよびグローバル・モニタリング・プログラムに関連する監視および決定事項にかかる責任を有しています。取締役会は，社長CEO，その他のTETメンバーおよび各経営会議体から定期的に最新情報を入手しています。

　当社のガバナンス体制のさらなる詳細については，「第4提出会社の状況4コーポレート・ガバナンスの状況等（1）コーポレート・ガバナンスの概要3.業務執行に係る事項」をご参照ください。

ネットゼロ戦略は，当社の企業理念に則しており，私たちの約束：「PLANET いのちを育む地球のために」によって運用されます。これは，現在，環境面での持続可能性の観点から，様々な側面に特化した3つのプログラムにより構成されています。

・気候変動対策プログラム

当社の気候戦略の実行および運用を担い，バリューチェーン全体で温室効果ガス排出量の削減を進めます。

・サステナビリティ・バイ・デザイン（環境配慮設計）

製品デザインのライフサイクル・シンキングを研究開発段階から取り入れることによって，バリューチェーン全体で環境に対する影響を最小限に抑えることを目指します。

・天然資源保全プログラム

ウォーター・スチュワードシップ，責任ある廃棄物処理，生物多様性保全活動などを通じて，当社の事業が環境に直接与える影響の削減を目指します。

リスク管理

　リスク管理は，当社で働く人材，資産，社会的評価・評判（レピュテーション）を守り，当社の成長と成功に向けた長期的な戦略を支える柱となります。

　全体的なリスク管理プロセスは，取締役会の監督のもとチーフ・エシックス＆コンプライアンス・オフィサーが統括しています。また，主要な全社的リスクおよびそれらのリスクの発生防止・低減措置の実効性は，RECC および取締役会によって毎年承認されています。

　リスクマネジメントは全社的な事業体制に組み込まれており，全社的リスク評価プロセスによって，サステナビリティに関連するリスクを含めたリスクを特定，評価し，またそのリスク低減施策を実施しています。このプロセスは，リスクの全体像を把握し，リスクに基づいた意思決定を行う企業風土を醸成するようデザインされています。関連する各部門は，担当領域ごとに主要なリスクとその対応への責任を担っています。

　当社のリスク管理プロセスのさらなる詳細については，「第4提出会社の状況4 コーポレート・ガバナンスの状況等（1）コーポレート・ガバナンスの概要3. 業務

(point) **特許切れに続く新たなハードルが出現**

　製薬会社の2010年問題と称される特許切れによる業績低迷リスクについては，アクトスの特許切れの影響は一巡した。一方で欧米での開発，販売，新興国での成長，研究の生産性，糖尿病フランチャイズの継続性，競争が激化するオンコロジー事業での成長力など，グローバルな成長を遂げる上でハードルに直面している。

執行に係る事項＜内部統制システムに関する基本的な考え方とその整備状況＞③損失の危険の管理に関する規程その他の体制」をご参照ください。

戦略，指標および目標

　当社は，私たちの価値観（バリュー）に基づく影響を通じて，持続的な成長を実現します。そして当社のバイオ医薬品企業としての強みと能力を活かして，患者さん，株主の皆様，および社会のための長期的な価値を創造することによって，従業員，地域社会，および地球に対して好影響を与え続けることで存在意義を果たしていきます。

　当社は，「存在意義（パーパス）」を「目指す未来（ビジョン）」および「価値観（バリュー）」と融合させることで，永続的なバリューに基づく持続成長を目指しています。当社は，ビジョンとパーパスを達成するためにどこに注力をするべきかを示す「私たちの約束」および「優先事項」を定めています。私たちの約束は，当社およびステークホルダーにとって戦略的に重要な非財務的課題に関するESGの重要課題の特定に基づいて，「PATIENT すべての患者さんのために」，「PEOPLE ともに働く仲間のために」，および「PLANET いのちを育む地球のために」の大きく３つの柱に分けられており，これらはデータやデジタル，テクノロジーを活用しながら実行されています。

PATIENT すべての患者さんのために

　当社は，科学的根拠に基づき，治療選択肢の限られた患者さんや地域社会にとって，暮らしが豊かになる医薬品の創出に取り組んでいます。これは，当社の存在意義（パーパス）の根幹となるものです。当社の研究開発（R&D）パイプラインは，主要な治療領域に焦点を当て，高度に多様化されています。私たちは，研究所の専門的な研究開発能力，社外とのR&Dパートナーシップ，患者団体との連携，健康の公平性への取組み，およびデータ，デジタル，テクノロジーの活用などを通じて，当社製品を患者さんに提供しています。

　私たちは，患者さんに高品質な医薬品を途切れることなく供給する責任があることを理解しています。この責任を果たすために，柔軟なグローバルなサプライチェーンシステムを構築しています。戦略上，重要な製品および原薬については複数の調達先からの購入を行い，調達方針についても地政学的リスクを考慮した

戦略を有しています。

　治療を最も必要とする患者さんに我々の医薬品を十分にお届けできなければ，科学的なイノベーションは大きな意味を成しません。訓練を受けた意識の高い医療従事者やインフラの整備に加え，資金，力強い保健システム，科学的根拠に基づく政策によって認められた医薬品，テクノロジー環境がそろっていなければ，患者さんに医薬品をお届けすることはできません。そのため，当社では次のことを実施しております。

- ・患者さんの医薬品アクセスを促進するために包括的な戦略を実施し，価値に基づく医療（バリューベース・ヘルスケア）を促進するグローバルな政策やプログラムを支援しています。私たちは，医学的・経済的な価値のある医薬品が公平に評価されるような，革新的な医薬品の持続的かつ公平なアクセスを促進するエコシステム構築に賛同しています。
- ・当社のグローバル製品（成長製品・新製品）を，患者さんにより早くお届けできるように上市しています。国の経済レベルや医療制度の成熟度に応じた価格調整を実施し，すべての医薬品に異なる価格帯を設定しています（ティアード・プライシング）。また，治療費を支払うことができない患者さんにも必要な医療を提供するために，医薬品アクセスプログラムを含む患者支援プログラムを提供しています。
- ・グローバルCSRプログラムを通じて，グローバル団体やNGO，NPOと連携して，低・中所得国の医療システム強化を支援しています。

　私たちの医薬品はグローバルに上市されていますが，各エリアや国ごとに，状況に応じた最適な戦略を検討しています。私たちの価値観（バリュー）はグローバルで行う事業活動全体で浸透しているため，一刻を争う場合であっても，各地域の従業員は，患者さんに最も近いところで価値観（バリュー）に沿った意思決定を行い，私たちの医薬品をタイムリーに提供することができています。

　当社の患者さんに対する取り組みの詳細は，2023年7月に当社ウェブサイトに掲載を予定している2023年統合報告書「PATINET すべての患者さんのために」をご参照ください。

<u>PEOPLE ともに働く仲間のために</u>

人材育成および人材の多様性

　当社は，科学技術がどれほど進歩しても，重要な変化は常に人によってもたらされることを認識しています。私たちの従業員はイノベーションの源泉であり，企業文化を形成し，当社が，患者さん，株主，社会のために長期的な価値を創造することを可能にしています。私たちはボトムアップ・カルチャーを重視しております。ボトムアップ・カルチャーを醸成するために，定期的に開催されるタウンホール形式の質疑応答で全従業員が経営陣に直接質問することが奨励され，グローバルCSRプログラムのパートナー選定に全従業員が参加するなどの取り組みを行っています。また，私たちは人材を育成し，多様性，公平性，包括性（DE&I）の取り組み，従業員が心身ともに健康な職場環境の構築，生涯学習に投資し，従業員が公私ともに充実感を得られるように支援しています。

　当社では，さまざまな方法で人材育成を行っています。優れた人材を発掘し，パフォーマンス向上と能力開発を行うためにオープンかつ継続的なディスカッションを行ったり，「クオリティ・カンバセーション」フレームワークを用いて，マネージャーとチームが頻繁にコミュニケーションをとることで信頼を築き，ビジネスに好影響を及ぼすことができるようにしたりしています。また，高い潜在能力を持つ人材には新たな機会を与えることで，次世代リーダーの候補者拡充を行っています。

　生涯学習は従業員のやる気や専門性を高め，新しい発想につながり，結果的に患者さんへの価値創造につながります。私たちはすべての従業員に向けて厳選された能力開発および学習の機会を提供しています。当社は，従業員がひとつの場所でさまざまなことを日々学び続けることができるような，新しいテクノロジーにも投資をしています。

　当社には，80を超える国と地域でさまざまな経歴や経験を持つ人々が集まっており，多様性に富んだ文化があります。その中で，従業員一人ひとりが多様な価値観や意見に触れながら，皆が力を発揮できることを望んでいます。グローバルDE&Iカウンシルの設立など，DE&Iへの投資を加速させ，グローバル規模での健康格差や不平等さを認識し，それに対処するためのステークホルダーと

(point) 大ヒットが期待される鬱病治療薬

　ブリンテリックスは今後ヒット薬となる可能性がある。鬱病治療薬には大きな需要がある。選択的セロトニン再取り込み阻害薬（SSRI）による治療が不成功の場合や，性的不全が限定的であること，認知機能の向上などが認められており，選択肢を増やす意味で有望だ。ただし武田は中枢神経系での経験が少ないことはリスクとなる。

の信頼関係構築やプログラム支援に注力しています。当社の各事業部門や拠点では，グローバルDE&Iの目標やロードマップに沿ってそれぞれ独自のDE&I目標や戦略，プログラムを設定して事業運営に反映させています。

2023年3月31日時点で，グローバル全体における管理職に占める女性の割合は42％となっています。当社は，今後も管理職を含めて人材の多様性の促進に努めてまいります。

社内環境整備方針

「世界中の人々の健康と，輝かしい未来に貢献する」という当社の存在意義（パーパス）は従業員が心身ともに健康であることを前提に実現されるものです。当社は，身体面，精神面，社会面，経済面の４つの分野から従業員の心身の健康に焦点を当てています。自己回復力を強化するための新しい学習プログラムも展開し，部下をもつ管理職を中心にメンタルヘルスについての会話を促すためのツールを提供しています。また，ワーク・ライフ・インテグレーションは従業員が新しい勤務形態に適応する上で最も考慮すべき点であり，オンサイトとリモートのハイブリッドなワーキングなど，多様な働き方をサポートしています。具体的な勤務形態はチームによって異なりますが，オフィスの空間デザインにも工夫を凝らし，必要に応じて対面での協働をサポートするなど，働き方改革を加速させています。

当社の人材育成，人材の多様性および社内環境整備にかかる方針のさらなる詳細は，2023年7月に当社ウェブサイトに掲載を予定している2023年統合報告書「PEOPLE ともに働く仲間のために」をご参照ください。

PLANET いのちを育む地球のために

気候変動や環境汚染，生物多様性の損失が患者さんや人々の健康に影響を及ぼす中，当社は環境への取り組みにおいて産業界をリードできるように継続的に取り組んでいます。当社は，当社の事業活動およびバリューチェーン全体における温室効果ガス排出量を最小化すること，天然資源および生物多様性を保全すること，ならびに持続可能性に配慮した製品設計を行うことに重点を置いて，環境サステナビリティ活動に取り組んでいます。当社は，気候変動に関連し識別したリスクや機会に対してレジリエンス（回復力）の強化に積極的に取り組んでいます。

当社は，深刻な物理的リスクを軽減する当社における取り組みとして，エネルギーや水の保全，また，可能な場合には再生可能エネルギーへの移行を通じて，温室効果ガスによる環境への負荷を抑える活動を推進しています。また，サプライチェーンにおける物理的リスクに対しては，許容できないリスクがサプライチェーンにもたらされることがないよう，主要サプライヤーの気候変動関連リスクの審査を行っています。

当社は，気候変動に関する戦略を実施し，主要業績評価指標（KPI）や測定基準を決定，それらの進捗を管理するため「気候変動対策プログラム」を導入しています。この気候変動対策プログラムでは，サプライチェーン全体でのカーボン・ニュートラルを維持しつつ，直接的，間接的およびサプライチェーンにおける温室効果ガス排出量の最小化，再生可能エネルギーへの投資と利用拡大，効果的な炭素隔離と除去プロジェクトの支援など，様々な目標に重点を置いています。

当社は，スコープ1および2の温室効果ガス排出量を，2025年度までに2016年度基準から40％削減する目標を2020年に設定し，この目標はSBTi（科学的根拠に基づく目標イニシアチブ）の認証を取得しました。また，2022年には，2035年までに当社の事業活動に起因する温室効果ガス排出量（スコープ1および2）を，2040年までに当社のバリューチェーン全体における温室効果ガス排出量（スコープ3の温室効果ガス排出量の見積もり（注1）を含む）をネット・ゼロ（注2）にする新しい目標を公表しました。当社は今後，これらの目標についてSBTi認証の申請を行う予定です。

(注1) 実際のスコープ3の排出量は測定が困難であり不透明性が残ることからも，これらは取り組みを進めていく上で今後克服すべき重要な課題です。
(注2) 当社は，SBTiの企業ネットゼロ基準に従ってネット・ゼロ排出量を定義しています。

スコープ	目標	2022年度実績 (1,000MTCO2e)
スコープ1	2035年までに当社の事業活動における温室効果ガス	277
スコープ2（マーケットベース）	排出量（スコープ1および2）のネットゼロを達成	169

当社の環境への取り組みのさらなる詳細は，2023年7月に当社ウェブサイトに掲載を予定している2023年統合報告書「PLANETいのちを育む地球のために」をご参照ください。

(point) 設備投資等の概要

セグメントごとの設備投資額を公開している。多くの企業にとって設備投資は競争力向上・維持のために必要不可欠だ。企業は売上の数％など一定の水準を設定して毎年設備への投資を行う。半導体などのテクノロジー関連企業は装置産業であり，技術発展のスピードが速いため，常に多額の設備投資を行う宿命にある。

　当社の業績は，現在および将来において様々なリスクにさらされており，リスクの顕在化により予期せぬ業績の変動を被る可能性があります。以下では，当社が事業を展開していくうえで直面しうる主なリスクを記載いたします。なお，以下に記載したリスクは当社の全てのリスクを網羅したものではなく，記載以外の潜在的かつ不確実なリスクも存在し，投資家の判断に影響を及ぼす可能性があります。

　当社のグローバルリスク管理ポリシーについては，「第4提出会社の状況4コーポレート・ガバナンスの状況等（1）コーポレート・ガバナンスの概要3．業務執行に係る事項＜内部統制システムに関する基本的な考え方およびその整備状況＞③損失の危険の管理に関する規程その他の体制」をご参照ください。

　なお，本項目に含まれる将来に関する事項およびリスクは，当年度末現在において判断したものです。

（1）　研究開発に関するリスク ···

　当社は，持続的成長を実現するために，最先端の科学で革新的な医薬品を創出することを目指しています。当社は，研究開発機能の向上および社外パートナーとの提携等により研究開発パイプラインを強化すると共に，世界各国の市場への一日も早い新製品の上市を目指し，質の高い革新的な研究開発パイプラインを構築することで研究開発の成功確率を高める等により効率的な研究開発活動に努めております。しかしながら，医薬品は，自社創製候補物質，導入候補物質にかかわらず，所轄官庁の定めた有効性と安全性に関する厳格な審査により承認されてはじめて上市可能となります。

　研究開発の途上において，当該候補物質の有効性・安全性が，承認に必要とされる水準を充たさないことが判明した場合またはその懸念があると審査当局が判断した場合，その時点で当該候補物質の研究開発を途中で断念，または追加の臨床試験・非臨床試験を実施せざるを得ず，それまでにかかったコストを回収できないリスクや製品の上市が遅延するリスク，および研究開発戦略の軌道修正を余儀なくされる可能性があります。

(point) **主要な設備の状況**

　「設備投資等の概要」では各セグメントの1年間の設備投資金額のみの掲載だが，ここではより詳細に，現在セグメント別，または各子会社が保有している土地，建物，機械装置の金額が合計でどれくらいなのか知ることができる。

（2）　知的財産権に関するリスク ·······················

　当社の製品は，物質・製法・製剤・用途特許等の複数の特許によって，一定期間保護されております。

　当社では特許権を含む知的財産権を厳しく管理し，当社が事業を行う市場における知的財産権や第三者からの侵害状況を継続的にモニタリング，評価および分析し，知的財産権に関するリスクの回避と，受けうる影響の低減を図っていますが，当社の保有する知的財産権が第三者から侵害を受けた場合には，期待される収益が大幅に失われる可能性があります。また，当社の自社製品等が第三者の知的財産権を侵害した場合には製造販売の差止めおよび損害賠償等を請求される可能性があります。

（3）　特許権満了等による売上低下リスク ·······················

　当社は，効能追加や剤型変更等により製品のライフサイクルを延長する努力をしておりますが，多くの製品について，特許または規制上の独占権の喪失・満了による後発品の市場参入は避けられず，米国や欧州では後発品が参入すれば通常，短期間で先発品から後発品へ切り替わり，先発品の収益が大きく減少します。国内では，当局が後発品の使用促進を積極的に進め，また，長期収載品のさらなる価格引下げが行われています。これに加え，競合品の特許満了によるその後発品，および競合品のスイッチOTC薬の出現などによって，国内外の競争環境は格段に厳しいものになってきており，その影響如何で当社製品の大幅な売上低下を招く可能性があります。

　なお，特許権満了時期等の詳細については「第2　事業の状況　5　研究開発活動　知的財産」をご参照ください。

（4）　副作用に関するリスク ·······················

　医薬品は，世界各国の所轄官庁の厳しい審査を経て発売されます。当社は発売後の医薬品について安全性情報を収集し有効性とリスクのバランスを評価することを含め，安全性監視活動とリスク最小化活動を実施し，より安全，有効に医薬品を使用できるようファーマコビジランス活動を推進し，副作用に関するリスク

の回避と受けうる影響の低減に努力しておりますが，市販後の使用成績が蓄積された結果，発売時には予期していなかった副作用が確認されることがあります。新たな副作用が確認された場合には，添付文書の「使用上の注意」への記載を行う，使用する対象患者を制限する，使用方法を制限するなどの処置が必要となるほか，重篤なケースが認められた場合には，販売中止・回収等を余儀なくされることもあり得ます。また，このような場合において，当社は製造物責任を負うとともに，金銭的，法的および社会的信頼に関する損害を負う可能性があります。

(5) 薬剤費抑制策による価格引き下げのリスク

医薬品市場では，多くの国々において医療予算の削減が推進され，医療技術評価および国際価格を参照する政策により医薬品価格が低下しています。最大市場である米国では，医薬品価格を下げるための医療計画や仲介機関による取り組みに加え，継続的な法令および規制の制定により先発品への価格引き下げ圧力が一層高まっています。日本においては，政府による一層の後発品の使用促進に加え，医療保険制度における多くの製品の公定薬価が，毎年引き下げられております。欧州においても，薬剤費を抑制し，価格透明性を高め，国際価格を参照する政策により，医薬品価格が低下しております。当社は，各国の薬剤費抑制策の詳細な分析やモニタリングを行い，医薬品の価格状況を管理する組織体制を構築することでリスクの回避と影響低減の努力を行うと共に，各国政府や医療サービス供給者・保険者等と協力して，革新的な医薬品に対する適切な報酬制度を確立するために，価値に基づく新しい価格設定モデル等の解決策を追求しておりますが，これら各国の薬剤費抑制策による価格引き下げにより，当社製品の価格が影響を受け，当社の業績および財務状況に悪影響が生じる可能性があります。

(6) 企業買収に関するリスク

当社は，持続的な成長を加速させるため，必要に応じて企業買収を実施しております。世界各国における事業活動は，法令や規則の変更，政情不安，経済動向の不確実性，商慣習の相違その他のリスクに直面する可能性があり，その結果当初想定した買収効果や利益が実現されない可能性があります。取得した資産の価

(point) **設備の新設，除却等の計画**

ここでは今後，会社がどの程度の設備投資を計画しているか知ることができる。毎期どれくらいの設備投資を行っているか確認すると，技術等での競争力維持に積極的な姿勢かどうか，どのセグメントを重要視しているか分かる。また景気が悪化したときは設備投資額を減らす傾向にある。

値が下落し，評価損等が発生した場合や，買収した事業の統合から得ることが期待されている利益が実現されない場合には，のれんおよび無形資産等の減損損失の計上等により，当社の業績および財務状況に影響を及ぼす可能性があります。

また，過去の企業買収に関連する金融機関からの多額の借入れを含め，当社は多額の債務を負っております。当社は，利益の創出および選択的な非中核資産の売却等を通じてレバレッジの速やかな低下を進めておりますが，将来の当社の財務状況が悪化した場合には，信用格付けが引き下げられ，その結果，既存の債務の借り換えや新規借入れ，その他資金調達の条件にも影響を及ぼす可能性があります。さらに，当社の債務には制限条項が付されているものがあり，かかる制限条項に抵触した場合には，債務の早期返済等により当社の財務状況に影響を及ぼす可能性があります。

（7） 安定供給に関するリスク ··

当社は，販売網のグローバル化に確実に対応するとともに，当社製品への需要に対し適切な供給量を確保していくため，供給ネットワークと品質保証体制を強化しており，具体的には，製造設備への適切な投資，必要に応じて複数のサプライヤーと適切な在庫水準を確保するための製造供給戦略の策定，代替サプライヤーの選定，当社内の製造ネットワークに係る危機管理規則の制定，事業継続管理システムの導入および定期的な内部監査等を行っています。しかしながら，当社または委託先の製造施設・物流施設等において，技術上もしくは法規制上の問題，原材料の不足，想定を超える需要，または自然災害の発生や新型コロナウイルス感染症（COVID-19）等の新興感染症の流行，進出国における紛争等により，製商品の安定的供給に支障が発生する可能性があります。その動向によっては，当社の業績，財務状況および社会的信頼に影響を及ぼす可能性があります。

（8） ITセキュリティ及び情報管理に関するリスク ··········

当社は，顧客ニーズに合致したデジタルビジネスモデルへ移行するためデジタル変革を加速しております。また，事業の特性上，センシティブな個人情報を含む大量の機密情報を取り扱っており，データ保護の重要性がいっそう高まってお

ります。大規模かつ複雑な IS/IT システム（アウトソーシング企業のシステムを含む）の利用は，従業員またはアウトソーシング企業の不注意または故意の行為，あるいは悪意をもった第三者による攻撃（サイバーアタック）により，システムの停止やセキュリティ上の問題が発生する可能性があります。当社は，これらのリスクを低減するため，包括的なポリシーや手続きを整備するとともに，リスク評価を通じた事業リスク分析および監査や第三者によるリスク低減テストを通じて，セキュリティ戦略の形成とクラウド活用を前提とした事業変革の推進を含む効果的なテクノロジーへの投資を行うことによりセキュリティの継続的な強化に努めておりますが，システムの停止やセキュリティ上の問題が発生した場合，当社の事業活動への悪影響，個人情報や知的財産等の重大な機密情報の流出や喪失，業績および財務状況の悪化，法的な損害ならびに信用の失墜を招く可能性があります。

（9） コンプライアンスに関するリスク

当社は事業の遂行にあたって，薬事規制や製造物責任，独占禁止法，個人情報保護法等の様々な法的規制や GMP（Good Manufacturing Practice），GQP（Good Quality Practice），GCP（Good Clinical Practice），GLP（Good Laboratory Practice）等のガイドラインの適用を受けています。また，当社は多数のエージェント，サプライヤーや卸売業者等の第三者と協力関係にあり，当社の事業活動はこれらの第三者による業務遂行の影響を受けています。さらに，当社はソーシャルメディア・プラットフォームを含むデジタルプラットフォームの使用が増加しておりますが，これらが法令および社内規定に遵守しない方法により使用される可能性があります。当社は，グローバルエシックス＆コンプライアンス部門を設置し，グローバルでコンプライアンスを推進する体制を整備し，当社および当社が関係する第三者の事業活動が法令および社内規定を遵守して実施されていることをモニタリングしていますが，当社の従業員や，当社が関係する第三者がこれらの法令等に違反した場合や社会的要請に反した行動をとった場合，法令による処罰や制裁，規制当局による処分，訴訟の提起を受ける可能性があり，社会的な信頼を失うとともに金銭的損害を負う可能性があります。

(point) **連結財務諸表等**

　ここでは主に財務諸表の作成方法についての説明が書かれている。企業は大蔵省が定めた規則に従って財務諸表を作るよう義務付けられている。また金融商品法に従い，作成した財務諸表がどの監査法人によって監査を受けているかも明記されている。

（10）　進出国および地域におけるカントリーリスク ·······························

　当社は，グローバルな事業展開に伴い，進出国や地域における政治不安，経済情勢の悪化，新型コロナウイルス感染症（COVID-19）等の新興感染症の拡大，社会混乱，各国・地域間における地政学的緊張の高まり等によるリスクにさらされています。当社は，各部門の連携のもと，これらのリスクが当社の事業に与える影響の分析や各地域における社会情勢のモニタリング等を通じてリスクに対応する体制を構築しており，患者さんの医薬品へのアクセスを保護することを優先事項として，リスクの抑止策や発生時の対処法を検討する等のリスク管理に努めております。しかしながら，当社または当社と協力関係にある第三者が事業を行っている地域において，不測の事態が生じた場合には，当社の業績および財務状況に影響を及ぼす可能性があります。なお，ウクライナおよびロシアにおける事業については，「第2事業の状況1経営方針，経営環境及び対処すべき課題等（ウクライナとロシアにおける事業について）」をご参照ください。

（11）　為替変動，金利変動およびインフレーションに関するリスク ··············

　当社の当年度における海外売上収益は3兆5,154億円であり，連結売上収益全体の87.3％を占めており，そのうち米国での売上収益は2兆1,038億円にのぼり，連結売上収益全体の52.2％を占めております。従って，売上収益については円安は増加要因である一方，研究開発費をはじめとする海外費用が円安により増加するため，利益に対する影響は双方向にあります。また，機能通貨以外で実行される事業上の取引，金融取引および投資に関して為替変動リスクにさらされています。さらに，金利変動による資金調達コストの上昇や，世界的なインフレーションの進行が当社の利益を圧迫する可能性があります。当社は為替および金利リスクを集約的に管理し，これらの財務リスクをヘッジするためにデリバティブ取引を行うとともに，取引先との契約条件の見直し等により潜在的な影響の緩和を図っておりますが，経済環境や金融市況が当社の想定を超えて変動した場合には，当社の業績および財務状況に影響が生じる可能性があります。

（12）　訴訟等に関するリスク ‥‥‥‥‥‥‥‥‥‥‥‥‥‥‥‥‥‥‥‥

　当社の事業活動に関連して，現在関与している訴訟のほか，将来，医薬品の副作用，製造物責任，労務問題，公正取引等に関連し，訴訟を提起される可能性があり，その動向によっては，当社の業績および財務状況に影響を及ぼす可能性があります。なお，係属中の重要な訴訟の詳細については，「第5経理の状況1連結財務諸表等（1）連結財務諸表連結財務諸表注記32コミットメントおよび偶発負債」をご参照ください。

（13）　環境に関するリスク ‥‥‥‥‥‥‥‥‥‥‥‥‥‥‥‥‥‥‥‥‥‥

　環境保全に対する責務の遂行は，当社の事業の発展に不可欠であり，当社の価値観（バリュー）に沿うものです。これは，単に正しい行いをするというだけではなく，患者さんの命を救い，人生を変えうるような医薬品やワクチンを責任をもってお届けできるようにするものです。そのために，当社は，ステークホルダーからの期待に沿いつつ法規制への準拠を実現する厳格な環境マネジメントシステムおよび社内プログラムを整備するとともに，これらが有効に運用され，期待する結果を達成していることを確認するための内部監査手続を定めております。しかしながら，万が一，有害物質による予期せぬ汚染や法規制への不適合，不十分な環境保全活動が顕在化した場合には，社会的信頼を損なうとともに，行政措置の対象となり，保険の適用範囲外または補償金額を超える支払義務を伴う改善措置の実施や法的責任を負うことにより，当社の事業活動に悪影響が生じる可能性があります。また，環境法規制の改正や社会の期待の変化により，より厳しい要請への対応が課せられ，当社の研究，開発，製造その他の事業活動に影響がおよぶ可能性もあります。かかる要件の遵守や課題への対応が行われない場合には，法規制上の責任を負い，当社の社会的信頼に影響を及ぼすとともに，当社の業務遂行能力に悪影響が生じ，ステークホルダーに対する魅力が低下する可能性があります。

　当社は，気候変動を，人々の健康に大きな影響を及ぼす深刻なグローバル課題であるとともに，当社の事業に財務的なリスクをもたらす可能性のある課題であると認識しております。2021年度に，当社は気候変動リスクの評価を完了しま

(point) **連結財務諸表**

　ここでは貸借対照表（またはバランスシート，BS），損益計算書（PL），キャッシュフロー計算書の詳細を調べることができる。あまり会計に詳しくない場合は，最低限，損益計算書の売上と営業利益を見ておけばよい。可能ならば，その数字が過去5年，10年の間にどのように変化しているか調べると会社への理解が深まるだろう。

した。当該評価は当社の一定の直接的な事業活動のみを対象としており，当社は，2030年度までの時間軸と2050年度までの時間軸について，気候変動に対する全世界における対応状況によって異なる3つの気候変動シナリオ（すなわち，「未対応（No Action）」「対応中（Middle of the Road）」「大幅に低減（Aggressive Mitigation）」）を設定しました。この評価プロセスにより，当社に直接該当する気候変動リスク・カテゴリーを特定することができました。これには，地域社会への影響や，当社の血漿分画製剤事業におけるドナー提供の潜在的な減少に繋がる疾病の増加や感染症蔓延等の地理的な拡大，コスト増加に繋がるエネルギー／カーボンの価格付けと政策，気候変動に関する目標を達成できないことによる社会的信頼への悪影響，異常気象や類似の事象に当社の施設等がさらされていることによる直接的な物理的リスク，当社の重要なサプライヤーを通じた間接的な気候変動リスクが含まれます。当社は，現在識別されているリスクはいずれも，短期的に当社に重要な財務影響を与え得るものではないものの，私たちの社会が現在の気候変動の傾向に適切に対処できない場合には，状況が変わる可能性があることを認識しております。また，リスク評価から最大の効果を得るため，継続的に評価の前提条件を見直すとともに，気候変動関連リスクの評価範囲を拡大する必要性も認識しています。当社は，引き続き，予測分析とリスク軽減のための施策の精度を向上させ，起こりうる気候変動関連リスク要因の理解を深めるために取り組んでいきます。このように，気候変動関連リスクの現在の評価は限定的ですが，当社は，現在までに識別されている気候変動関連リスクに対処し，特定された機会を追求する状況に十分にあると考えております。また，当社は，気候変動関連リスクを全社的リスク管理体制に組み込み，潜在的な影響を緩和するため，低炭素型事業への移行を進めております。当社は，2020年以降（2019年度の排出量について）カーボンニュートラルを達成しており，社内での省エネルギー施策，施設の電化，再生可能エネルギーの調達，再生可能エネルギー証書と高品質な第三者検証済のカーボンオフセットへの投資による二酸化炭素排出量の削減に継続的に取り組んでおります。

　当社の重要なステークホルダーは当社に対して優れた環境保全活動を遂行することを期待していると認識しており，当社は自社の製品および事業活動から生じ

る環境への影響を緩和するための方策を継続的に模索しております。そのため，当社は，気候変動対策戦略を補完するものとして，ウォーター・スチュワードシップ，責任ある廃棄物処理，生物多様性保全活動を含む天然資源保全の領域に引き続き注力するとともに，製品のライフサイクルを通じて環境への影響を最小限に抑えるため，製品の開発段階から持続可能性に配慮した取り組みを実施しています。これらの取り組みにより成果が得られた場合には，地球の生態系と人々の健康を守りながら，当社に対する社会的評価の向上と当社事業の強化に繋がることとなり，患者さんに貢献するという当社の揺るぎない使命を果たし続けられることになります。一方で，当社が掲げている持続可能性の高い目標に基づいた行動を実施できない場合や，ステークホルダーの期待に沿う結果が得られない場合には，当社に対する社会的信頼が損なわれ，その結果，従業員の採用・維持や顧客や投資家との関係の構築において問題が生じ，当社の業績および財務状況に影響が及ぶ可能性があります。

（14） 人材の採用および定着に関するリスク

　当社の長期的に持続可能な成長には，人材の獲得競争の激しい市場や地域において，事業を支える適切な人材の採用と定着が重要であると認識しております。当社は，組織の有効性，文化，価値観を維持しながら，働き方の柔軟性をより高め，職場環境をより良くし，多様性，公平性，包括性（DE&I）を促進する施策を実施するとともに，継続的なキャリア開発機会の提供やエンゲージメントの推進を図り，従業員に対して魅力的な価値を提案することで，人材採用における競争力の強化と人材の定着を促進しております。しかしながら，計画通りに採用や定着が進まない場合は，人材の喪失や不足を通じて，当社の競争力が低下し，その結果，当社の業績および財務状況に影響が及ぶ可能性があります。

3 経営者による財政状態，経営成績及びキャッシュ・フローの状況の分析

（1） 経営成績等の状況の概要 ·······································

① 財政状態及び経営成績の状況

当年度の業績および財政状態は以下のとおりとなりました。

売上収益	4兆275億円	［前年度比	4,585億円	（ 12.8%)	増 ］
研究開発費	6,333億円	［ 〃	1,072億円	（ 20.4%)	増 ］
営業利益	4,905億円	［ 〃	297億円	（ 6.4%)	増 ］
税引前当期利益	3,751億円	［ 〃	725億円	（ 24.0%)	増 ］
当期利益	3,170億円	［ 〃	869億円	（ 37.7%)	増 ］
基本的1株当たり利益	204円29銭	［ 〃	57円15銭	（ 38.8%)	増 ］
資産合計	13兆9,578億円	［前年度末比	7,797億円	（ 5.9%)	増 ］
負債合計	7兆6,031億円	［ 〃	1,086億円	（ 1.4%)	増 ］
資本合計	6兆3,547億円	［ 〃	6,711億円	（ 11.8%)	増 ］

なお，当社グループは「医薬品事業」の単一セグメントのため，セグメントごとの経営成績の記載を省略しております。

② キャッシュ・フローの状況

「（2） 経営者の視点による経営成績等の状況に関する分析・検討内容」をご参照下さい。

③ 生産，受注及び販売の状況

（a） 生産実績

当年度における生産実績は次のとおりであります。

セグメントの名称	金額(百万円)	前期比(%)
医薬品事業	2,236,925	34.5
合計	2,236,925	34.5

（注） 1 当社グループは「医薬品事業」の単一セグメントであります。

2 生産実績金額は，販売価格によっております。

（b） 受注状況

当社グループは，主に販売計画に基づいて生産計画をたてて生産しており，一部の受注生産における受注高および受注残高の金額に重要性はありません。

（c）　販売実績

　当年度における販売実績は次のとおりであります。

セグメントの名称	金額（百万円）	前年同期比（%）
医薬品事業	4,027,478	12.8
（国内）	（　512,043　）	（△22.3　）
（海外）	（3,515,435　）	（　20.8　）
連結損益計算書計上額 （うちライセンス供与による収益・役務収益）	4,027,478 （　105,198　）	12.8 （△61.5　）

（注）　1　当社グループは「医薬品事業」の単一セグメントであります。

　　　　2　販売実績は，外部顧客に対する売上収益を表示しております。

　　　　3　主な相手先別の販売実績および総販売実績に対する割合は，次のとおりであります。なお，総販売実績に対する割合が100分の10未満となっている年度については記載を省略しております。

相手先	前年度		当年度	
	金額（百万円）	割合（%）	金額（百万円）	割合（%）
アメリソースバーゲン・コーポレーションおよびそのグループ会社	504,487	14.1	575,294	14.3
マッケソン・コーポレーションおよびそのグループ会社	406,709	11.4	540,356	13.4
カーディナルヘルス Inc. およびそのグループ会社	－	－	424,527	10.5

（2）　経営者の視点による経営成績等の状況に関する分析・検討内容　…………

①　当年度の経営成績等の状況に関する認識および分析・検討内容

（a）　当年度の経営成績の分析

（i）　当社グループの経営成績に影響を与える事項

事業の概況

　当社は，自らの企業理念に基づき患者さんを中心に考えるというバリュー（価値観）を根幹とする，グローバルな研究開発型のバイオ医薬品企業です。当社は，幅広い医薬品のポートフォリオを有し，研究，開発，製造，およびグローバルでの販売を主要な事業としており，消化器系疾患，希少疾患，血漿分画製剤（免疫疾患），オンコロジー（がん），およびニューロサイエンス（神経精神疾患）の5つの主要ビジネスエリアにフォーカスしております。研究開発においては，消化

器系・炎症性疾患（注），ニューロサイエンス，オンコロジー，希少遺伝子疾患および血液疾患の4つの疾患領域に重点的に取り組むとともに，血漿分画製剤とワクチンにも注力しています。当社は，研究開発能力の強化ならびにパートナーシップを推し進め，強固かつ多様なモダリティ（創薬手法）のパイプラインを構築することにより，革新的な医薬品を開発し，人々の人生を豊かにする新たな治療選択肢をお届けします。当社は，約80の国と地域で医薬品を販売しており，世界中に製造拠点を有するとともに，日本および米国に主要な研究拠点を有しています。

　当社はこれまで，地理的拠点の拡大，オンコロジー，消化器系疾患ならびにニューロサイエンス領域を強化するとともに，希少疾患および血漿分画製剤での主導的地位を構築し，パイプラインの拡充にも取り組んできました。販売においては，米国，欧州および成長新興国におけるプレゼンスを飛躍的に向上させました。また，当社は事業運営をより効果的かつ効率的に行い，より大きなイノベーションを創出し，ステークホルダーに価値を提供することに繋げるため，データとテクノロジーの活用促進に集中して取り組みました。

　当社グループの事業は単一セグメントであり，資源配分，業績評価，および将来業績の予測においてマネジメントの財務情報に対する視点と整合しております。2023年3月期における売上収益および営業利益はそれぞれ4兆275億円および4,905億円であります。

（注）　本疾患領域名は，従来の「消化器系疾患」から「消化器系・炎症性疾患」に名称変更しています。詳細は「6研究開発活動」をご参照ください。

当社グループの経営成績に影響を与える事項

　当社グループの経営成績は，グローバルな業界トレンドや事業環境における以下の事項に影響を受けます。

特許保護と後発品との競争

　医薬品は特に，特許保護や規制上の独占権によって市場競争が規制されることにより，当社グループの業績に貢献する場合があります。代替治療の利用が容易でない新製品は当社グループの売上の増加に貢献します。ただし，保護されている製品についても，効能，副作用や価格面で他社との競争が存在します。一方で，特許保護もしくは規制上の独占権の喪失や満了により，後発品が市場に参入する

ため，当社グループの業績に大きな悪影響を及ぼすことがあります。当社グループの主要製品の一部は，特許やその他の知的財産権保護の満了により，厳しい競争に晒されており，あるいは晒されると予想しております。例えば，米国において当社グループの最大の売上製品の一つであるベルケイドに含まれる有効成分のボルテゾミブの特許権が満了したことにより，ボルテゾミブを含む競合製品が販売されています。これにより，2022年にベルケイドの売上が減少し，その結果，競合品がさらに市場に参入することにより売上がさらに大幅に減少する可能性があります。VYVANSEに対する特許保護は，2023年8月に米国において失効する予定であり，また，2023年2月にアジルバの後発品が日本の医薬品医療機器総合機構（PMDA）により承認されたことを受け（競合品の薬価収載は2023年6月に承認），関連する国・地域において，VYVANSEおよびアジルバの売上が減少すると予想しております。後発品を販売する他社が特許権の有効性に対する申し立てに成功する場合，もしくは想定される特許侵害訴訟に係る費用以上のベネフィットを前提として参入することを決定する場合があります。また，当社グループの特許権の有効性，あるいは製品保護に対する申し立てが提起された場合には，関連する無形資産の減損損失を認識する可能性があります。

買収

　当社グループは，研究開発能力を拡大し（新たな手法に展開することを含みます。），新しい製品（開発パイプラインや上市済み製品）やその他の戦略的領域を獲得するために，新たな事業または資産を買収する可能性があります。同様に，当社グループの主な成長ドライバーに注力するため，また当社グループのポートフォリオを維持するために，事業や製品ラインを売却しております。

　2023年2月，当社グループは，高度に選択的な経口アロステリックチロシンキナーゼ2（TYK2）阻害薬TAK-279に関連する知的財産権およびその他の関連する資産を所有または支配する，Nimbus Therapeutics, LLC（以下，「Nimbus社」）の完全子会社であったNimbus Lakshmi, Inc.の全株式を取得しました。契約条件にもとづき，当社グループは一時金として40億米ドルを本取引完了後に支払い（注1），また，「TAK-279」（Nimbus社における旧「NDI-034858」）のプログラムから開発された製品の年間の売上高が40億米ドルと50億米ドルとなった場合には，

それぞれにつき10億米ドルのマイルストンを同社に支払います。さらに，本取引に関連して，当社グループは，Nimbus社とBristol - Myers Squibおよびその子会社であるCelgene Corporationとの間の2022年1月の和解契約におけるNimbus社の義務である「TAK-279」のプログラムから開発された製品の開発，薬事規制上の承認，および売上に関するマイルストン支払い義務を引き受けることに合意しました。

これらの買収は企業結合または資産の取得として会計処理されております。企業結合の場合，取得した資産および引き受けた負債は公正価値で計上されております。当社グループの業績は，通常，棚卸資産の公正価値の増加や，取得した有形固定資産および無形資産の償却費により影響を受けます。また，資産の取得の場合，取得した資産は取引価格で計上されております。企業結合または資産の取得の対価が追加的な借入金で賄われている場合，支払利息の増加も当社グループの業績に影響を与えます。

買収および上記の影響により，当社グループの業績は期間比較ができない可能性があります。

（注1）当社グループは，一時金40億米ドルのうち，2023年2月に30億米ドル，2023年4月に9億米ドルを支払っております。残額の1億米ドルは2023年8月に支払を予定しております。

事業売却

買収に加え，当社グループは，主要な成長ドライバーに注力し，また長期借入金を速やかに返済するための追加キャッシュ・フローを創出するため，事業や製品ラインを売却しました。2022年3月期から2023年3月期および本報告書提出日時点における主要な事業売却は以下となります。

・2021年4月，当社グループは，日本における当社の非中核資産である一部の製品を，総額1,330億円で，帝人ファーマ株式会社に資産譲渡しました。2022年3月期において税引前当期利益に対する1,314億円の増益影響を計上しました。

・2022年3月，当社グループは，中国で販売する当社の非中核資産である一部の医療用医薬品を，総額230百万米ドル（307億円（注1））でHasten

---

(point) **経営のグローバル化に挑戦**

　日本企業は経営のグローバル化が遅れている。外国人経営者は少ない上に，失敗したケースが多い。失敗の要因として，経営陣が仲間内で固まり，自社の強みを正確に把握できず，逆に破壊してしまうケースがある。特に経験のない国内営業の運営体制が今後どうなるか注目だ。また従業員がグローバル化に持つ不安の解消も必要だ。

Biopharmaceutic Co., Ltd.（China）に資産譲渡し，2022年3月期において56億円の譲渡益を計上しました。

（注1）2023年3月31日期末為替レートである1米ドル133.5円を用いて日本円に換算しております。

原材料の調達による影響

重要な原材料を社内外から調達することができない場合に，当社グループの業績に悪影響を及ぼす可能性があります。例えば，ヒト血漿は当社グループの血漿分画製剤において重要な原材料であります。血漿をより多く収集するため，調達および外部との契約を強化し，原料血漿の収集や血漿分画に関連する施設への委託，および規制当局から承認を受けることに成功するための取り組みを行っております。

外国為替変動

2023年3月期において，当社グループでは日本以外の売上が87.3％を占めております。当社グループの収益および費用は，特に当社の表示通貨である日本円に対する米ドルおよびユーロの外国為替レートの変動に影響を受けます。円安は日本円以外の通貨による収益の増加要因となり当社グループの業績に好影響を及ぼしますが，日本円以外の通貨による費用の増加により相殺される可能性があります。とりわけ，2023年3月期において，他の通貨に対する円安により，当社の売上収益はプラスの影響を受けました。反対に，円高は日本円以外の通貨による収益減少要因となり当社グループの業績に悪影響を及ぼしますが，日本円以外の通貨による費用の減少により相殺される可能性があります。以下は，2023年3月期の売上収益を2022年3月期における同一の為替レート（CER）で換算し，2022年3月期の売上収益と対比させたものです。

（単位：億円，％以外）

	前年度	当年度	対前年度	
売上収益	35,690	40,275	4,585	12.8％
為替レートによる影響		△4,866		
前年度と同一の為替レートによる換算の売上収益	35,690	35,409	△281	△0.8％

前年度と同一の為替レートによる換算の売上収益は，IFRSに準拠して作成された指標ではありません（以下，「非IFRS指標」）。投資家におかれましては，当社グループの過去の財務諸表全体を確認し，IFRSに準拠して表示されている指標を当社グループの業績，価値，将来の見通しを評価する際の主要な指標として

使用し，非IFRS指標を補足的な指標として使用することを強く推奨します。前年度と同一の為替レートによる換算の売上収益に対して最も直接的に比較可能な指標は，IFRSに準拠して作成された売上収益であります。上表には，前年度と同一の為替レートによる換算の売上収益から売上収益への調整が示されております。

　当該指標が，当社グループの事業に対する為替レートの影響をよりよく理解し，為替レートの変動の影響を除外した場合に，当社の経営成績が対前年度でどのように変動したかを理解するために，投資家にとって有用であると考えられるため，当社グループは前年度と同一の為替レートによる換算の売上収益を表示しております。当該指標は，当社グループの経営者が，当社グループの経営成績を評価するにあたって使用する主要な方法であります。また，証券アナリスト，投資家，その他のステークホルダーが，当社グループが属する業界の同業他社の経営成績を評価する際，類似する業績指標を使用することが多いため，投資家にとっても有用な指標であると考えています。

　前年度と同一の為替レートによる換算の売上収益は，ある会計年度において，当会計年度の売上収益を，対応する前会計年度の為替レートで換算した売上収益として定義されます。ただし，前年度と同一の為替レートによる換算の売上収益は，前会計年度においてIFRSに基づき表示された売上収益の算定に用いられた為替レートと同一の為替レートを用いて算定されていますが，当該会計年度中に締結された取引が同一の為替レートで締結された，または計上されたとは限らないという点で，この表示の有用性には重要な限界があります。当社グループの業界の同業他社が類似する名称の指標を使用している場合であっても，同業他社が当該指標を当社グループとは異なって定義し，異なる算定を行っている可能性があるため，指標が直接的に比較可能ではない場合があります。したがって，前年度と同一の為替レートによる換算の売上収益は単独で検討すべきではなく，またIFRSに準拠して作成，表示される収益の指標としてではなく，当該指標の代替的指標としてみなされるべきです。

　為替変動リスクを低減するため，当社グループは重要な一部の外貨建取引について，主に先物為替予約，通貨スワップおよび通貨オプションを利用しヘッジを

行っております。

季節的要因

当社グループの売上収益は，2022年3月期および2023年3月期において第4四半期に減少しています。これは，卸売業者は年末年始休暇に向けてあらゆる国・地域における在庫数を増やす傾向にあること，年間にわたって価格が上昇していること，暦年の年初の米国における保険の年間免責額の改定等によるものです。

（ⅱ）　重要な会計方針

当社グループの連結財務諸表はIFRSに準拠して作成されております。当連結財務諸表の作成にあたり，経営者は資産および負債の金額，決算日現在の偶発資産および偶発負債の開示，ならびに報告期間における収益および費用の金額に影響を及ぼす見積りおよび仮定の設定を行うことが求められております。見積りおよび仮定は，継続的に見直されます。経営者は，過去の経験，ならびに見積りおよび仮定が設定された時点において合理的であると判断されたその他の様々な要因に基づき当該見積りおよび仮定を設定しております。実際の結果はこれらの見積りおよび仮定とは異なる場合があります。

経営者の見積りおよび仮定に影響を受ける重要な会計方針は以下の通りであります。なお，見積りおよび仮定の変更が連結財務諸表に重大な影響を及ぼす可能性があります。

収益認識

「第5経理の状況1連結財務諸表等（1）連結財務諸表連結財務諸表注記3重要な会計方針（5）収益」をご参照ください。

のれんおよび無形資産の減損

当社グループは，のれんおよび無形資産について，資産の帳簿価額が回収不能であるかもしれないことを示す事象または状況の変化がある場合には，減損テストを行っております。のれんおよび償却開始前の無形資産については，年次および減損の兆候を捕捉した時点で減損テストを実施しております。2023年3月31日時点において，当社グループはのれんおよび無形資産をそれぞれ4兆7,907億円および4兆2,697億円計上しており，これは総資産の64.9%を占めております。

上市後製品に係る無形資産は特許が存続する見込期間または見込まれる経済的便益に応じた他の指標に基づき，3年から20年の耐用年数を用いて定額法で償却しております。開発中の製品に係る無形資産は，特定の市場における商用化が規制当局により承認されるまで償却をしておりません。商用化が承認された時点で，当該資産の見積耐用年数を確定し，償却を開始しております。

　のれんおよび無形資産は，通常，連結財政状態計算書上の帳簿価額が回収可能価額を超過する場合には減損していると判断されます。無形資産にかかる回収可能価額は個別資産，またはその資産が他の資産と共同で資金を生成する場合はより大きな資金生成単位ごとに見積られます。資金生成単位は独立したキャッシュ・インフローを形成する最小の識別可能な資産グループであります。のれんの減損テストは単一の事業セグメント単位（単一の資金生成単位）で実施しており，これはのれんを内部管理目的で監視している単位を表しています。回収可能価額の見積りには以下を含む複数の仮定の設定が必要となります。

・将来キャッシュ・フローの金額および時期
・競合他社の動向（競合製品の販売開始，マーケティングイニシアチブ等）
・規制当局からの承認の取得可能性
・将来の税率
・永続成長率
・割引率

　将来キャッシュ・フローの金額および時期を見積るための重要な仮定には，研究開発プロジェクトの成功見込みおよび製品に係る売上予測があります。特にのれんにかかる回収可能価額の見積りにおいては，特定の製品に係る売上予測が重要な仮定となります。これらの仮定に影響を与える事象としては，開発の中止，大幅な上市の遅延，規制当局の承認が得られないことによる研究開発プロジェクトの失敗，もしくは一般的には新たな競合製品の販売開始や供給不足による，一部の上市後製品にかかる売上予測の低下があげられます。これらの事象が発生した場合，プロジェクト獲得以降に実施した当初もしくは事後の研究開発投資額が回収できない，もしくは見積った将来キャッシュ・フローが回収できない可能性があります。

これらの仮定に変更が生じた場合は，当該連結会計年度において減損損失および減損損失の戻入れを認識しております。詳細は「第5経理の状況1連結財務諸表等（1）連結財務諸表連結財務諸表注記11のれんおよび12無形資産」をご参照ください。

訴訟に係る偶発事象

当社グループは，通常の営業活動において主に製造物責任訴訟および賠償責任訴訟に関与しております。詳細については「第5経理の状況1連結財務諸表等（1）連結財務諸表連結財務諸表注記32コミットメントおよび偶発負債」をご参照ください。

偶発負債は，その特性から不確実なものであり複雑な判断や可能性に基づいております。訴訟およびその他の偶発事象に係る引当金を算定する際には，該当する訴訟の根拠や管轄，その他の類似した現在および過去の訴訟案件の顛末および発生数，製品の性質，訴訟に関する科学的な事項の評価，和解の可能性ならびに現時点における和解にむけた進行状況等を勘案しております。さらに，未だ提訴されていない製造物責任訴訟については，主に過去の訴訟の経験や製品の使用に係るデータに基づき，費用を合理的に見積ることができる範囲で引当金を計上しております。当社グループが関与する重要な訴訟のうち，それらの最終的な結果により財務上の影響が見込まれる場合であっても，その額について信頼性のある見積りが不可能な訴訟等については，引当金の計上は行っておりません。また，保険の補償範囲期間内である場合は保険による補償についても考慮しております。補償範囲の検討の際に，当社グループは，保険契約の制限や除外，保険会社による補償の拒否の可能性，保険業者の財政状態，ならびに回収可能性および回収期間を考慮しております。引当金および関連する保険補償額の見積りは，連結財政状態計算書上において負債および資産として総額で計上しております。2023年3月31日現在において，係争中の訴訟案件およびその他の案件について643億円の引当金を計上しております。

法人所得税

当社グループは，税法および税規制の解釈指針に基づき税務申告を行っており，これらの判断および解釈に基づいた見積額を計上しております。通常の営業活動

において，当社グループの税務申告は様々な税務当局による税務調査の対象であり，これらの調査の結果，追加税額，利息，または罰金の支払いが課される場合があります。法律および様々な管轄地域の租税裁判所の判決に伴う法改正により，不確実な税務ポジションに関する負債の見積りの多くは固有の不確実性を伴います。税務当局が当社グループの税務ポジションを認める可能性が高くないと結論を下した場合に，当社グループは，税務上の不確実性を解消するために必要となる費用の最善の見積り額を認識します。また，未認識の税務上の便益は事実および状況の変化に伴い調整されます。これらの税務ポジションは，例えば，現行の税法の大幅改正，税務当局による税制または解釈指針の発行，税務調査の際に入手した新たな情報，または税務調査の解決により調整が行われる可能性があります。当社グループは，不確実な税務ポジションに係る当社グループの見積りは，現時点において判明している事実および状況に基づき適切かつ十分であると判断しております。

　また，各報告期間の末日において繰延税金資産の回収可能性を評価しております。繰延税金資産の回収可能性の評価においては，予想される将来加算一時差異の解消スケジュール，予想される将来課税所得およびタックスプランニングを考慮しております。収益力に基づく将来課税所得は，主に当社グループの事業計画を基礎として見積られており，当該事業計画に含まれる特定の製品に係る売上収益の予測が変動した場合，認識される繰延税金資産の金額に重要な影響を与える可能性があります。過去の課税所得の水準および繰延税金資産が認識できる期間における将来の課税所得の見積りに基づき，実現する可能性が高いと予想される税務上の便益の額を算定しております。2023年3月31日現在における繰延税金資産を認識していない未使用の繰越欠損金，将来減算一時差異，および未使用の繰越税額控除はそれぞれ1兆1,818億円，2,598億円，および112億円であります。将来における見積りおよび仮定の変更は法人所得税費用に重要な影響を与える可能性があります。

事業構造再編費用

　当社グループでは，費用削減に関連した取り組みおよび買収に係る事業統合に関連して事業構造再編費用が発生します。退職金が事業構造再編費用の主な内訳

であり，事業構造再編に係る引当金については，事業構造再編に係る詳細な公式計画を作成した時点で計上しております。当該計画の対象となる従業員については，根拠のある予想に基づき，計画が実施されると見込まれます。事業構造再編に係る引当金の認識には，支払時期や，事業再編により影響を受ける従業員数等の見積りが必要となります。最終的なコストは当初の見積りから異なる可能性があります。

　当社グループは，将来において買収および売却に関連した事業統合に係る追加の事業構造再編費用を計上すると見込んでおります。2023年3月31日現在において，当社グループは，事業構造再編に係る引当金を90億円計上しております。詳細および事業構造再編に係る引当金の推移は「第5経理の状況1連結財務諸表等（1）連結財務諸表連結財務諸表注記23引当金」をご参照ください。

（iii）　当年度における業績の概要

　当年度の連結業績は，以下のとおりとなりました。

（単位：億円，%以外）

	前年度	当年度	対前年度		
			増減額	実勢レートベース 増減率	CERベース 増減率（注1）
売上収益	35,690	40,275	4,585	12.8%	△0.8%
売上原価	△11,068	△12,441	△1,372	12.4%	△0.1%
販売費及び一般管理費	△8,864	△9,973	△1,109	12.5%	△0.9%
研究開発費	△5,261	△6,333	△1,072	20.4%	3.5%
製品に係る無形資産償却費及び減損損失	△4,729	△5,424	△695	14.7%	△3.2%
その他の営業収益	431	254	△177	△41.0%	△44.2%
その他の営業費用	△1,591	△1,452	138	△8.7%	△21.1%
営業利益	4,608	4,905	297	6.4%	△1.8%
金融収益及び費用（純額）	△1,429	△1,068	361	△25.3%	△28.8%
持分法による投資損益	△154	△86	67	△43.8%	△50.6%
税引前当期利益	3,026	3,751	725	24.0%	13.4%
法人所得税費用	△724	△581	144	△19.8%	△18.0%
当期利益	2,302	3,170	869	37.7%	23.3%

（注1）「（ⅳ）当年度におけるCore業績の概要」の「Core財務指標とCERベースの増減の定義」をご参照ください。

〔売上収益〕

　売上収益は，前年度から4,585億円増収（＋12.8%，CERベース増減率：△0.8%）の4兆275億円となりました。これは主に，為替相場が円安に推移した

こと，および事業が好調に推移したことによる増収影響が，前年度に売上収益に計上した日本の糖尿病治療剤ポートフォリオの帝人ファーマ株式会社への譲渡価額1,330億円の減収影響を上回ったことによります。

主要な疾患領域（消化器系疾患，希少疾患，血漿分画製剤（免疫疾患），オンコロジー（がん），およびニューロサイエンス（神経精神疾患））の売上収益は，前年度から6,280億円増収（+21.3%）の3兆5,729億円となりました。円安による増収影響，および各疾患領域における好調な業績があったことにより，オンコロジーを除き，それぞれ全社の売上収益の増収に貢献しました。オンコロジーにおいては，円安による増収影響により一部相殺したものの，一部の製品が後発品の参入や競争の激化による影響を受けました。

当社の主要な疾患領域以外の売上収益は，前年度に非定常的な売上収益として計上した日本の糖尿病治療剤ポートフォリオの譲渡価額1,330億円が当年度はなくなったことを主な要因として，前年度から1,696億円減収（△27.2%）の4,546億円となりました。

地域別売上収益

各地域の売上収益は以下のとおりです。

（単位：億円，%以外）

売上収益：	前年度	当年度	対前年度		
			増減額	実勢レートベース増減率	CERベース増減率（注1）
日本（注2）	6,590	5,120	△1,469	△22.3%	△22.5%
米国	17,144	21,038	3,894	22.7%	2.0%
欧州およびカナダ	7,392	8,427	1,035	14.0%	5.1%
アジア（日本を除く）	1,970	2,250	280	14.2%	2.0%
中南米	1,285	1,604	319	24.8%	8.0%
ロシア/CIS	621	884	264	42.5%	9.5%
その他（注3）	689	952	262	38.1%	41.3%
合計	35,690	40,275	4,585	12.8%	△0.8%

（注1）「（iv）当年度におけるCore業績の概要」の「Core財務指標とCERベースの増減の定義」をご参照ください。

（注2）前年度は，日本における糖尿病治療剤ポートフォリオの譲渡価額1,330億円を含みます。

（注3）その他の地域は中東，オセアニアおよびアフリカを含みます。

当社グループの売上収益の大部分は，主要な医療用医薬品により占められております。当年度の各領域における主要製品の売上は以下のとおりです。

（単位：億円，％以外）

	前年度	当年度	対前年度		
			増減額	実勢レートベース増減率	CERベース増減率（注1）
消化器系疾患:					
ENTYVIO（注2）	5,218	7,027	1,810	34.7%	15.2%
タケキャブ/VOCINTI（注3）	1,024	1,087	63	6.2%	4.1%
GATTEX/レベスティブ	758	931	173	22.9%	4.0%
DEXILANT	508	694	186	36.7%	14.8%
PANTOLOC/CONTROLOC（注4）	403	455	52	13.0%	2.9%
アロフィセル	18	27	9	47.9%	35.6%
その他	829	724	△105	△12.7%	△24.0%
消化器系疾患 合計	8,757	10,945	2,189	25.0%	8.7%
希少疾患:					
希少血液疾患:					
アドベイト	1,185	1,182	△3	△0.3%	△12.4%
アディノベイト/ADYNOVI	607	666	58	9.6%	△1.0%
ファイバ	392	413	21	5.4%	△5.2%
RECOMBINATE	123	128	5	3.8%	△13.1%
HEMOFIL/IMMUNATE/IMMUNINE	177	196	19	10.5%	0.3%
その他	353	464	111	31.4%	12.5%
希少血液疾患 合計	2,837	3,047	210	7.4%	△5.1%
希少遺伝子疾患およびその他:					
タクザイロ	1,032	1,518	486	47.0%	25.0%
エラプレース	731	853	122	16.7%	5.5%
リプレガル	517	667	150	29.1%	24.2%
ビプリブ	424	484	60	14.1%	2.5%
LIVTENCITY	13	105	92	692.4%	561.7%
その他	557	560	3	0.5%	△12.6%
希少遺伝子疾患およびその他 合計	3,275	4,187	912	27.9%	13.4%
希少疾患合計	6,112	7,234	1,122	18.4%	4.8%

	前年度	当年度	対前年度		
			増減額	実勢レートベ ース増減率	CERベース 増減率 （注1）
血漿分画製剤（免疫疾患）：					
免疫グロブリン製剤	3,859	5,222	1,363	35.3%	16.0%
アルブミン製剤	900	1,214	314	34.9%	19.0%
その他	311	348	37	12.0%	△4.2%
血漿分画製剤（免疫疾患）　合計	5,070	6,784	1,715	33.8%	15.3%
オンコロジー：					
リュープリン/ENANTONE	1,065	1,113	49	4.6%	△0.3%
ニンラーロ	912	927	15	1.6%	△12.2%
アドセトリス	692	839	147	21.3%	13.5%
アイクルシグ	349	472	123	35.4%	15.9%
ベルケイド	1,100	278	△823	△74.8%	△78.6%
アルンブリグ	136	206	69	50.7%	35.2%
EXKIVITY	10	37	28	288.1%	228.4%
その他	424	516	92	21.7%	20.7%
オンコロジー　合計	4,687	4,387	△300	△6.4%	△14.4%
ニューロサイエンス（神経精神疾患）：					
VYVANSE/ELVANSE（注5）	3,271	4,593	1,322	40.4%	18.2%
トリンテリックス	823	1,001	178	21.6%	2.1%
その他	729	783	54	7.4%	△4.0%
ニューロサイエンス　合計	4,823	6,377	1,554	32.2%	12.1%
その他：					
アジルバ（注3）	763	729	△34	△4.5%	△4.5%
ロトリガ	327	167	△160	△48.8%	△48.8%
その他（注6）	5,152	3,650	△1,502	△29.2%	△35.4%
その他　合計	6,242	4,546	△1,696	△27.2%	△32.4%
総合計	35,690	40,275	4,585	12.8%	△0.8%

(注1) 「(iv) 当年度におけるCore業績の概要」の「Core財務指標とCERベースの増減の定義」をご参照ください。

(注2) 国内製品名：エンタイビオ

(注3) 配合剤，パック製剤を含む。

(注4) 一般名：pantoprazole

(注5) 国内製品名：ビバンセ

(注6) 前年度においては，2021年4月1日に売却した日本における糖尿病治療薬4剤（ネシーナ錠，リオベル配合錠，イニシンク配合錠，ザファテック錠）の帝人ファーマ株式会社への譲渡価額1,330億円を含む。

　各疾患領域における売上収益の前年度からの増減は，主に以下の製品によるものです。

−消化器系疾患

　消化器系疾患領域の売上収益は，前年度から2,189億円増収（+25.0%，CERベース増減率：+8.7%）の1兆945億円となりました。

　当社のトップ製品である潰瘍性大腸炎・クローン病治療剤「ENTYVIO」（国内

製品名：「エンタイビオ」）の売上が伸長し，前年度から1,810億円増収（+34.7%）の7,027億円となりました。米国における売上は，円安による増収影響，および炎症性腸疾患の潰瘍性大腸炎とクローン病に対する生物学的製剤の新規投与患者が引き続き増加したことにより，前年度から1,424億円増収（+40.7%）の4,919億円となりました。欧州およびカナダにおける売上は，皮下注射が新たに複数国で上市されたこと，および円安による増収影響により，前年度から265億円増収（+19.5%）の1,625億円となりました。また成長新興国における売上は，主にブラジルにおける伸長により，前年度から99億円増収（+39.6%）の349億円となりました。

逆流性食道炎治療剤「DEXILANT」の売上は，米国におけるオーソライズド・ジェネリックの売上の伸長，および円安による増収影響により，前年度から186億円増収（+36.7%）の694億円となりました。

短腸症候群治療剤「GATTEX/レベスティブ」の売上は，主に日本における上市以降に市場への浸透が進んだこと，小児適応の需要が増加したこと，および円安による増収影響により，173億円増収（+22.9%）の931億円となりました。

酸関連疾患治療剤「タケキャブ/VOCINTI」の売上は，主に中国における増収により，前年度から63億円増収（+6.2%）の1,087億円となりました。日本においては，処方量は増加したものの，2022年4月に適用された市場拡大再算定による価格引き下げの影響のため，前年度から減収となりました。

「その他」に含まれる，潰瘍性大腸炎治療剤「PENTASA」の売上は，米国において2022年5月から後発品が参入したことにより，118億円減収（△58.3%）の84億円となりました。

– 希少疾患

希少疾患領域の売上収益は，前年度から1,122億円増収（+18.4%，CERベース増減率：+4.8%）の7,234億円となりました。

希少血液疾患領域の売上収益は，210億円増収（+7.4%，CERベース増減率：△5.1%）の3,047億円となりました。

血友病A治療剤「アディノベイト/ADYNOVI」の売上は，58億円増収（+9.6%）の666億円，血友病Aおよび血友病B治療剤「ファイバ」の売上は，21億円増収

（+5.4％）の413億円となりました。いずれも，主に円安による増収影響が米国における競合品による減収影響を相殺し，伸長しました。

希少血液疾患領域のその他の製品の売上合計は，主に効能追加や新たに連結した製品，および円安による増収影響により，前年度から増収となりました。

希少遺伝子疾患およびその他の疾患領域の売上収益は，912億円増収（+27.9％，CERベース増減率：+13.4％）の4,187億円となりました。

遺伝性血管性浮腫治療剤「タクザイロ」の売上は，引き続き米国において需要が増加したこと，販売エリアが拡大したこと，および円安による増収影響により，486億円増収（+47.0％）の1,518億円となりました。

ファブリー病治療剤「リプレガル」の売上は，2022年2月のライセンス契約の終結に伴い，日本における製造販売権を当社が承継したこと，および成長新興国において需要が増加したことを主な要因として，前年度から150億円増収（+29.1％）の667億円となりました。

その他の酵素補充療法のハンター症候群治療剤「エラプレース」およびゴーシェ病治療剤「ビプリブ」の売上は，主に円安による増収影響により，それぞれ122億円増収（+16.7％）の853億円，60億円増収（+14.1％）の484億円となりました。

2021年12月に最初に米国で上市し，その後，複数の国でも上市した移植後のサイトメガロウイルス（CMV）感染／感染症治療剤「LIVTENCITY」の当年度の売上は105億円となりました。

－血漿分画製剤（免疫疾患）

血漿分画製剤（免疫疾患）領域の売上収益は，前年度から1,715億円増収（+33.8％，CERベース増減率：+15.3％）の6,784億円となりました。

免疫グロブリン製剤の売上合計は，前年度から1,363億円増収（+35.3％）の5,222億円となりました。原発性免疫不全症（PID）と多巣性運動ニューロパチー（MMN）の治療に用いられる静注製剤「GAMMAGARD LIQUID/KIOVIG」および皮下注製剤である「CUVITRU」と「HYQVIA」の三つのグローバル製品の売上は，パンデミックによる下方圧力が緩和した米国を中心に引き続きグローバルに需要が堅調に推移し供給量が増加したこと，皮下注製剤は静脈注射に比べ投薬の利便

性が高いこと，また円安による増収影響により，前年度から2桁台の売上収益増収率となりました。

　主に血液量減少症と低アルブミン血症の治療に用いられる「HUMAN ALBUMIN」と「FLEXBUMIN」を含むアルブミン製剤の売上合計は，米国と中国における需要が増加したことにより，また，円安による増収影響もあったことから，前年度から314億円増収（+34.9%）の1,214億円となりました。

－オンコロジー

　オンコロジー領域の売上収益は，前年度から300億円減収（△6.4%，CERベース増減率：△14.4%）の4,387億円となりました。これは米国において，多発性骨髄腫治療剤「ベルケイド」の後発品が急速に浸透したことによります。

　「ベルケイド」の売上は，2022年5月から複数の後発品が米国市場に参入したことにより，前年度から823億円減収（△74.8%）の278億円となりました。

　悪性リンパ腫治療剤「アドセトリス」の売上は，アルゼンチンやイタリア，日本などで好調に伸長し，前年度から147億円増収（+21.3%）の839億円となりました。

　白血病治療剤「アイクルシグ」の売上は，米国において堅調に伸長したことと円安による増収影響もあり，前年度から123億円増収（+35.4%）の472億円となりました。

　非小細胞肺がん治療剤「アルンブリグ」の売上は，欧州諸国や中国をはじめとする成長新興国，および日本における需要増加により，前年度から69億円増収（+50.7%）の206億円となりました。

　「その他」に含まれる，卵巣がん治療剤「ゼジューラ」の売上は，カプセル製剤に加えて新たに錠剤を2022年6月に日本で上市したことが寄与し，前年度から49億円増収（+61.7%）の129億円となりました。

　子宮内膜症・子宮筋腫・閉経前乳がん・前立腺がん等の治療に用いられる特許満了製品の「リュープリン/ENANTONE」は，主に円安による増収影響により，前年度から49億円増収（+4.6%）の1,113億円となりました。

　多発性骨髄腫治療剤「ニンラーロ」の売上は，円安による増収影響を，主に米国における競争激化の影響や需要減少の影響が一部相殺し，前年度から15億円

増収（+1.6%）の927億円となりました。

　2021年9月に最初に米国で上市し，その後，複数の国でも上市した非小細胞肺がん治療剤「EXKIVITY」の当年度の売上は37億円となりました。

−ニューロサイエンス（神経精神疾患）

　ニューロサイエンス領域の売上収益は，前年度から1,554億円増収（+32.2%，CERベース増減率：+12.1%）の6,377億円となりました。

　注意欠陥／多動性障害（ADHD）治療剤「VYVANSE/ELVANSE」（国内製品名：「ビバンセ」）の売上は，主に米国において，「ADDERALL」の後発品である競合他社の即放性製剤の供給不足の影響もあり，成人向け市場が拡大したこと，および円安による増収影響により，前年度から1,322億円増収（+40.4%）の4,593億円となりました。

　大うつ病（MDD）治療剤「トリンテリックス」の売上は，日本における処方の増加，および円安による増収影響により，前年度から178億円増収（+21.6%）の1,001億円となりました。

　「その他」に含まれる，ADHD治療剤「ADDERALLXR」の売上は，主に後発品である競合他社の即放性製剤の供給不足による本剤に対する増収影響，および円安による増収影響により，前年度から77億円増収（+36.9%）の286億円となりました。

〔売上原価〕

　売上原価は，前年度から1,372億円増加（+12.4%，CERベース増減率：△0.1%）の1兆2,441億円となりました。この増加は主に当年度における円安の為替影響を受けたことによるものです。

〔販売費及び一般管理費〕

　販売費及び一般管理費は，主に当年度における円安の為替影響により，前年度から1,109億円増加（+12.5%，CERベース増減率：△0.9%）の9,973億円となりました。

〔研究開発費〕

　研究開発費は，主に当年度における円安の為替影響により，前年度から1,072億円増加（+20.4%，CERベース増減率：+3.5%）の6,333億円となりました。

〔製品に係る無形資産償却費及び減損損失〕

製品に係る無形資産償却費及び減損損失は，主に当年度における円安の為替影響により，前年度から695億円増加（+14.7％，CERベース増減率：△3.2％）の5,424億円となりました。

〔その他の営業収益〕

その他の営業収益は，主に条件付対価契約に関する金融資産及び金融負債の公正価値変動による評価益および特定の訴訟に係る和解金等の受取額を前年度に計上した影響により，前年度から177億円減少（△41.0％，CERベース増減率：△44.2％）の254億円となりました。

〔その他の営業費用〕

その他の営業費用は，前年度から138億円減少（△8.7％，CERベース増減率：△21.1％）の1,452億円となりました。この減少は主に，Shire社との統合が実質的に前年度において完了したことに伴い事業構造再編費用が減少したこと，および承認前在庫に係る評価損が減少したことによるものです。これらの減少は，主に提携契約に伴い当社グループが認識したオプション権に係る評価損を含む，その他の評価損および引当金繰入額の増加および当年度における円安の為替影響により一部相殺されております。

〔営業利益〕

営業利益は，上記の要因を反映し，前年度から297億円増益（+6.4％，CERベース増減率：△1.8％）の4,905億円となりました。

〔金融損益〕

金融収益と金融費用をあわせた金融損益は1,068億円の損失となり，前年度の1,429億円の損失から361億円減少（△25.3％，CERベース増減率：△28.8％）しました。この損失の減少は主に，当社が株式を保有する企業のワラントにかかるデリバティブの再測定によるプラスの影響によるものです。

〔持分法による投資損益〕

当年度の持分法による投資損益は，前年度の持分法による投資損失から67億円減少（△43.8％，CERベース増減率：△50.6％）の86億円の損失となりました。この損失の減少は，主に武田ベンチャー投資Inc.が保有する株式にかかる投

資の損失を前年度に計上したことによるものです。

〔法人所得税費用〕

　　法人所得税費用は，前年度から144億円減少（△19.8％，CERベースの増減率：△18.0％）の581億円となりました。この減少は主に，前年度に認識した，2014年にShire社がAbbVie社からの買収申し出の取下げに関連して受領した違約金に対するアイルランドでの課税を巡る税務評価から生じた税金および利息の合計と関連する税務便益5億円との純額654億円，ならびに当年度における繰延税金資産の認識による税務便益の増加によるものです。これらの減少は，税引前当期利益の増加に加え，前年度の米国における州税の適用税率の変更による影響と一部相殺されております。

〔当期利益〕

　　当期利益は，上記の要因を反映し，前年度から869億円増益（+37.7％，CERベース増減率：+23.3％）の3,170億円となりました。

（iv）　当年度におけるCore業績の概要
Core財務指標とCERベースの増減の定義

　　当社は，業績評価において「Core財務指標」の概念を採用しています。本指標は，国際会計基準（IFRS）に準拠したものではありません。

　　Core売上収益は，売上収益から重要性のある本業に起因しない（非中核）事象による影響を控除して算出します。

　　Core営業利益は，当期利益から，法人所得税費用，持分法による投資損益，金融損益，その他の営業収益及びその他の営業費用，製品に係る無形資産償却費及び減損損失を控除して算出します。その他，非定常的な事象に基づく影響，企業買収に係る会計処理の影響や買収関連費用など，本業に起因しない（非中核）事象による影響を調整します。

　　CoreEPSは，当期利益から，Core営業利益の算出において控除された項目と営業利益以下の各科目のうち，非定常的もしくは特別な事象に基づく影響，本業に起因しない（非中核）事象による影響を調整します。これらには，条件付対価に係る公正価値変動（時間的価値の変動を含む）影響などが含まれます。さらに，

これらの調整項目に係る税金影響を控除した後，報告期間の自己株式控除後の平均発行済株式総数で除して算出します。

CER（Constant Exchange Rate：恒常為替レート）ベースの増減は，当年度の財務ベースの業績もしくはCore業績について，前年度に適用した為替レートを用いて換算することにより，前年度との比較において為替影響を控除するものです。

Core業績

（単位：億円，％以外）

	前年度	当年度	対前年度		
			増減額	実勢レートベース 増減率	CERベース 増減率
Core売上収益	34,205	40,275	6,069	17.7%	3.5%
Core営業利益	9,552	11,884	2,332	24.4%	9.1%
Core EPS（円）	425	558	134	31.5%	13.9%

〔Core売上収益〕

当年度のCore売上収益は，前年度から6,069億円増収（+17.7%，CERベース増減率：+3.5%）の4兆275億円となりました。前年度のCore売上収益は，主に非定常的な日本の糖尿病治療剤ポートフォリオの譲渡価額1,330億円を控除し3兆4,205億円でした。当年度においては，売上収益から控除した重要性のある本業に起因しない（非中核）事象による影響はなかったことから，Core売上収益は財務ベースの売上収益と同額でした。タケダの成長製品・新製品（注）は，前年度から4,358億円増収（+37.6%，CERベース増減率：+18.8%）の1兆5,948億円となり，好調に推移した事業を牽引しました。なお，タケダの成長製品・新製品には，当年度に欧州やインドネシア，ブラジルなどで承認を取得し，幾つかの非流行国において上市したデング熱ワクチンのQDENGAを含めています。

（注）当年度のタケダの成長製品・新製品
消化器系疾患：ENTYVIO，アロフィセル
希少疾患：タクザイロ，LIVTENCITY
血漿分画製剤（免疫疾患）：GAMMAGARD LIQUID/KIOVIG，HYQVIA，CUVITRUを含む免疫グロブリン製剤，HUMAN ALBUMIN，FLEXBUMINを含むアルブミン製剤
オンコロジー：アルンブリグ，EXKIVITY

その他：スパイクバックス筋注，ヌバキソビッド筋注，QDENGA

〔Core営業利益〕

　当年度のCore営業利益は，主要な疾患領域の売上が増加したこと，および当年度における円安の為替影響により，前年度から2,332億円増加（+24.4%，CERベース増減率：+9.1%）の1兆1,884億円となりました。

〔CoreEPS〕

　当年度のCoreEPSは，前年度から134円増加の558円（+31.5%，CERベース増減率：+13.9%）となりました。

(b)　当年度の財政状態の分析

〔資産〕

　当年度末における資産合計は，前年度末から7,797億円増加し，13兆9,578億円となりました。無形資産は，償却による減少があったものの，主にNimbus Lakshmi Inc.の取得および為替影響により4,511億円増加しました。のれんおよび有形固定資産は，主に為替換算の影響により，それぞれ3,830億円および1,084億円増加しました。さらに，棚卸資産が1,333億円増加しております。これらの増加は，現金及び現金同等物の減少3,162億円と一部相殺されております。

〔負債〕

　当年度末における負債合計は，前年度末から1,086億円増加し，7兆6,031億円となりました。仕入債務及びその他の債務は1,329億円増加し，引当金は686億円増加しました。社債及び借入金は，当年度に社債の償還があったものの，主に米ドル建ておよびユーロ建て債務における為替換算の増加影響により前年度末から369億円増加の4兆3,823億円（注）となりました。これらの増加は，繰延税金負債の減少1,809億円と一部相殺されております。

（注）　当年度末における社債及び借入金の帳簿価額はそれぞれ3兆6,583億円および7,240億円です。なお，社債及び借入金の内訳は以下の通りです。

(point)　財務諸表

　この項目では，連結ではなく単体の貸借対照表と，損益計算書の内訳を確認することができる。連結＝単体＋子会社なので，会社によっては単体の業績を調べて連結全体の業績予想のヒントにする場合があるが，あまりその必要性がある企業は多くない。

社債：

銘柄 (外貨建発行額)	発行時期	償還期限	帳簿価額
米ドル建無担保普通社債 (1,301百万米ドル)	2015年6月	2025年6月 〜2045年6月	1,742億円
米ドル建無担保普通社債 (4,000百万米ドル)	2016年9月	2023年9月 〜2026年9月	5,153億円
ユーロ建無担保普通社債 (3,000百万ユーロ)	2018年11月	2026年11月 〜2030年11月	4,336億円
米ドル建無担保普通社債 (2,250百万米ドル)	2018年11月	2023年11月 〜2028年11月	2,988億円
ハイブリッド社債 (劣後特約付社債)	2019年6月	2079年6月	4,989億円
米ドル建無担保普通社債 (7,000百万米ドル)	2020年7月	2030年3月 〜2060年3月	9,282億円
ユーロ建無担保普通社債 (3,600百万ユーロ)	2020年7月	2027年7月 〜2040年7月	5,198億円
円貨建無担保普通社債	2021年10月	2031年10月	2,494億円
コマーシャル・ペーパー	2023年3月	2023年6月	400億円
合計			3兆6,583億円

借入金：

名称 (外貨建借入額)	借入時期	返済期限	帳簿価額
シンジケートローン	2016年4月	2023年4月 〜2026年4月	2,000億円
〃	2017年4月	2027年4月	1,135億円
〃 (1,500百万米ドル)	2017年4月	2027年4月	2,000億円
その他のバイラテラルローン	2016年3月 〜2023年3月	2024年4月 〜2029年3月	2,100億円
その他			5億円
合計			7,240億円

　当社グループは，2015年6月に発行した米ドル建無担保普通社債219百万米ドルについて，2022年6月23日の償還期日に先立ち，2022年4月23日に繰上償還を実行しました。2022年10月27日には，2018年11月に発行した米ドル建無担保普通社債の残高1,000百万米ドルについて，2023年11月26日の償還期日に先立ち繰上償還を実行しました。2022年11月21日には，2018年11月に発行した変動利付のユーロ建無担保普通社債の残高750百万ユーロについて満期償還を実行しました。2023年3月31日には，バイラテラルローン750億円について満期返済を実行するとともに，同日に2029年3月30日を返済期限とする新たなバイラテラルローン契約750億円を締結しました。さらに，コマーシャルペーパー400億円を発行しました。

〔資本〕

　当年度末における資本合計は，前年度末から6,711億円増加し，6兆3,547億円となりました。この増加は，主に円安の影響による為替換算調整勘定の変動によりその他の資本の構成要素が5,739億円増加したことによるものです。利益剰余金は，主に2,783億円の配当金を支払ったものの，当期利益の計上により，614億円増加しております。

（c）　流動性および資金調達源
資金の調達および使途

　当社グループにおいて流動性は，主に営業活動に必要な現金，資本支出，契約上の義務，債務の返済，利息や配当の支払いに関連して必要となります。営業活動においては，研究開発費，マイルストン支払い，販売およびマーケティングに係る費用，人件費およびその他の一般管理費，原材料費等の支払いにあたり現金が必要となります。また，法人所得税の支払いや運転資金にも多額の現金が必要となります。

　当社グループは，生産設備の能力増強・合理化，減価償却を終えた資産の入れ替え，業務管理の効率化等のために設備投資を行っています。無形資産に係る資本的支出は，主に第三者のパートナーから導入したライセンス製品に対するマイルストン支払い，およびソフトウェア開発費です。連結財政状態計算書に計上されている有形固定資産および無形資産に係る資本支出は，2022年3月期および2023年3月期において，それぞれ2,399億円および8,987億円であります。また，2023年3月31日現在において，有形固定資産の取得に関する契約上のコミットメントは153億円であります。加えて，2023年3月31日現在において，無形資産の取得に関して契約上の取決めを有しております。無形資産に係るマイルストン支払いの詳細については，「第5経理の状況1連結財務諸表等（1）連結財務諸表連結財務諸表注記32コミットメントおよび偶発債務」をご参照ください。また，資本管理の一環として，当社グループは，資金需要，市場等の環境，またはその他の関連する要因に照らして，定期的に資本的支出の評価を行っております。

当社の配当金の支払額は，2022年3月期および2023年3月期において，それぞれ2,842億円および2,808億円であります。これまで1株当たり年間配当金額を180円（中間配当金および期末配当金それぞれ90円）としてきましたが，2024年3月期については，中間配当金および期末配当金をそれぞれ94円ずつとし，年間188円とすることを目指しています。当社の配当政策については「第4 提出会社の状況3配当政策」をご参照ください。

　当社グループは，有利子負債に対し元本と利息を支払う必要があります。2023年3月31日現在において，1年内に必要となる利息の支払額および負債の返済額は，それぞれ1,042億円，3,404億円であります。詳細は，「有利子負債および金融債務」をご参照ください。

　当社グループの資金の主な調達源は，主に現金及び現金同等物，短期コマーシャル・ペーパー，コミットメントラインによる借入，グローバル資本市場における社債発行を含む長期債務による資金調達であります。さらに，当社グループは，コンティンジェンシーの調達源として，2022年3月31日時点および2023年3月31日時点において，金融機関から極度額1,500億円および750百万米ドルの短期アンコミットメントライン契約を締結しております。

　当社グループは，キャッシュ・フロー予測に基づき保有外貨を監視し，調整しております。当社グループの事業の大部分は日本国外で行っており，多額の現金を日本国外に保有しております。日本国内で必要なキャッシュ・フローを創出するために外貨を使用することは国内規制による影響を受ける可能性があり，また比較的影響は小さいものの，日本へ現金を移転することから生じる所得税による影響も受けます。

　当社グループは，引き続き，資金調達の状況について注視しており，短期的には，一般的な市況による資金調達不足または流動性不足は現在見込んではおりません。なお，必要に応じた市場およびその他の供給源からの追加の資金調達力に加えて，当社グループの資本支出計画を必要かつ適切な範囲で見直すことによって，資金調達および流動性の需要を管理する場合があります。

　2023年3月31日現在において，当社グループは，ワクチン運営および売上債権の売却プログラムに関係して当社が第三者に代わり一時的に保有していた制限

付き預り金1,258億円を含む，5,335億円の現金及び現金同等物と，7,000億円の未使用のバンク・コミットメントライン契約を保有しており，現在の事業活動に必要となる資金は十分に確保できていると考えております。また，当社グループは，事業活動を支えるため，持続的に高い流動性を保ち，資本市場へのアクセス拡大を追求していきます。

連結キャッシュ・フロー

連結キャッシュ・フローの状況は，以下のとおりであります。

（単位：億円）

	前年度	当年度
営業活動によるキャッシュ・フロー	11,231	9,772
投資活動によるキャッシュ・フロー	△1,981	△6,071
財務活動によるキャッシュ・フロー	△10,703	△7,091
現金及び現金同等物の増減額	△1,453	△3,391
現金及び現金同等物の期首残高	9,662	8,497
現金及び現金同等物に係る換算差額	288	229
現金及び現金同等物の期末残高	8,497	5,335

営業活動によるキャッシュ・フローは，前年度の1兆1,231億円から1,459億円減少の9,772億円となりました。これは，主に仕入債務及びその他の債務の変動により，営業活動に関連する資産および負債の純増減における減少影響があったこと，および法人税所得税等の支払額の増加によるものです。これらは，非資金項目およびその他の調整項目を調整した後の当期利益の増加と一部相殺されております。

投資活動によるキャッシュ・フローは，前年度の△1,981億円から4,090億円減少の△6,071億円となりました。これは主に，事業取得による支出（取得した現金及び現金同等物控除後）が497億円減少したものの，主に当年度におけるNimbus Lakshmi Inc.の取得（注）により無形資産の取得による支出が4,302億円増加したことによるものです。

(注)　当社グループは，一時金40億米ドルのうち，2023年2月に30億米ドル，2023年4月に9億米ドルを支払っております。残額の1億米ドルは2023年8月に支払を予定しております。

財務活動によるキャッシュ・フローは，前年度の△1兆703億円から3,611億円増加の△7,091億円となりました。これは主に，社債の償還及び長期借入金の返済による支出（借換に伴う社債の発行及び長期借入れによる収入と相殺後）の

減少2,791億円，およびコマーシャル・ペーパー発行額の増加400億円によるものです。また，前年度と比較して当年度に実施された自己株式取得金額が減少したことに伴い，自己株式の取得による支出は506億円減少しております。

有利子負債および金融債務

　2022年3月31日時点および2023年3月31日時点において社債および借入金はそれぞれ4兆3,454億円，4兆3,823億円であります。これらの有利子負債は，当社が発行した無担保社債，普通社債，バイラテラルローン，およびシンジケートローン，また，Shire社買収に必要な資金の一部を調達するための借入金，およびShire社買収により引き受けた負債，借り換えた負債を含み，連結財政状態計算書に計上されております。当社の借入金は主に買収関連で発生したものであり，季節性によるものではありません。

　当社グループは，2015年6月に発行した米ドル建無担保普通社債219百万米ドルについて，2022年6月23日の償還期日に先立ち，2022年4月23日に繰上償還を実行しました。2022年10月27日には，2018年11月に発行した米ドル建無担保普通社債の残高1,000百万米ドルについて，2023年11月26日の償還期日に先立ち繰上償還を実行しました。2022年11月21日には，2018年11月に発行した変動利付のユーロ建無担保普通社債の残高750百万ユーロについて満期償還を実行しました。2023年3月31日には，バイラテラルローン750億円について満期返済を実行するとともに，同日に2029年3月30日を返済期限とする新たなバイラテラルローン契約750億円を締結しました。さらに，2022年3月31日現在においてはコマーシャル・ペーパーを発行しておりませんでしたが，2023年3月31日現在，400億円のコマーシャル・ペーパーを発行しております。

　2023年3月31日時点において，当社グループは一定の財務制限条項の含まれる長期融資契約を保有しております。当該財務制限条項の重要な条項は，毎年3月末および9月末において連結財政状態計算書における純負債の過去12か月間の調整後EBITDA（調整後EBITDAは契約書にて定義されたもの）に対する比率が一定水準を上回らないことを求める財務制限条項が含まれています。2023年3月31日時点においては，2022年3月31日時点と同様に，当社グループは全ての制限条項を遵守しております。また，2019年に設定された7,000億円の未

使用のコミットメントラインからの借入を制限する事象はありません。当コミットメントラインは，現在の期限は2026年9月であります。

　当社グループは，短期の流動性の管理のため，日本の無担保コマーシャル・ペーパープログラムを保有しております。2022年3月31日現在においてはコマーシャル・ペーパーは発行しておりませんが，2023年3月31日点現在，400億円のコマーシャル・ペーパーを発行しております。当社グループは，さらに2022年3月31日時点および2023年3月31日時点において，極度額1,500億円および750百万米ドルの短期アンコミットメントライン契約を締結しておりますが，借入はしておりません。

　借入金の詳細については，「第5経理の状況1連結財務諸表等（1）連結財務諸表連結財務諸表注記20社債及び借入金」をご参照ください。

信用格付け

　当社グループの信用格付けは，当社グループの財務の健全性，業績，債務の返済能力等に関する各格付機関の意見が反映されております。本報告書時点における当社グループの信用格付けは以下のとおりです。

格付会社	カテゴリー	信用格付	アウトルック	評価構造
S&Pグローバル・レーティング	発行体格付け/外貨長期および国内通貨長期	BBB+	安定的	11段階の格付けのうち4番目であり，同じカテゴリーの中で最上位（例：BBB+, BBB, BBB-は同じカテゴリーに属する）
	発行体格付け（短期）	A-2		6段階の格付けのうちの2番目
ムーディーズ	長期発行体格付および長期優先無担保格付け	Baa1 (注1)	安定的 (注1)	9段階の格付けのうち上から4番目であり，同じカテゴリーの中で1番目（例：Baa1, Baa2, Baa3は同じカテゴリーに属する）

（注1）　ムーディーズは，2023年6月26日に長期発行体の信用格付をBaa2からBaa1に，アウトルックをポジティブから安定的にそれぞれ改訂しております。
　　　　この格付けは，社債の購入，売却，保有を推奨するものではありません。この格付けは指定された格付機関によって適宜改訂あるいは撤回される可能性があります。それぞれの財務の健全性レーティングは，独立評価されたものであります。

契約上の負債

2023年3月31日現在における契約上の負債は以下のとおりです。

	総契約額[注1]	1年以内	1年超 3年以内	3年超 5年以内	5年超
社債及び借入金の返済[注2][注3]					
社債[注4]	46,402	3,312	7,684	8,499	26,907
借入金	7,676	1,134	1,535	4,252	755
有形固定資産の取得に関する義務	153	153	—	—	—
リース負債の返済	6,660	596	1,072	874	4,117
確定給付制度への拠出[注5]	125	125	—	—	—
合計[注6][注7]	61,016	5,320	10,291	13,625	31,779

(注1) 2023年3月31日現在における日本円以外の通貨建債務は、期末為替レートで日本円に換算しており、為替レートの変動により金額が異なる可能性があります。

(注2) 当社グループが関連する金融商品の財務制限条項違反を行った場合、返済義務が早まる可能性があります

(注3) 利息支払義務を含みます。

(注4) 社債の契約額のうち、「1年超3年以内」の金額には、劣後特約付きハイブリッド社債（以下、「ハイブリッド債」）元本全額を2024年10月6日以降の各利払日において早期償還する可能性があるため、当ハイブリッド債の元本5,000億円が含まれています。ハイブリッド債の元本および利息の詳細については、「第5経理の状況1連結財務諸表等（1）連結財務諸表連結財務諸表注記20社債及び借入金」をご参照ください。

(注5) 2024年4月以降の年金および退職後給付制度への拠出額については、拠出の時期が不確実であり、利率、運用収益、法律およびその他の変動要因に依存するため、確定することはできません。

(注6) 確定給付債務、訴訟引当金および長期未払法人税等、時期を見積もることができない契約上の負債、また、金額が公正価値の変動により変化するデリバティブ負債および条件付対価契約に関する金融負債は含まれておりません。なお、2023年3月31日現在のデリバティブ負債および条件付対価契約に関する金融負債の帳簿価額は、それぞれ407億円および81億円であります。また、特定の将来の事象の発生に左右されるマイルストン支払いも含んでおりません。

(注7) 通常の事業活動における購買に関する発注は含んでおりません。

オフバランス取引

マイルストン支払

新製品の開発に係る第三者との提携契約に基づき、当社グループは、パイプライン品目の開発、新製品の上市および上市後の販売等にかかる一定のマイルストン達成に応じた支払義務が生じる場合があります。2023年3月31日現在における潜在的なマイルストン支払の契約金額は1兆4,556億円であります。これらは、潜在的なコマーシャルマイルストン支払を除いた金額であります。詳細は、「第5経理の状況1連結財務諸表等（1）連結財務諸表連結財務諸表注記13共同研究開

発契約およびライセンス契約および32コミットメントおよび偶発負債」をご参照
ください。

▌設備の状況

1　設備投資等の概要

　当社グループ（当社および連結子会社）は，競争力の維持向上のため，生産設
備の増強・合理化および研究開発体制の充実・強化また販売力の強化や管理業務
の効率化などの設備投資を継続して行っております。当年度におけるグループ全
体の設備投資（有形固定資産取得ベース）総額は1,852億円となりました。

2　主要な設備の状況

　当社グループ（当社および連結子会社）における主要な設備は，次のとおりで
あります。

（1）　提出会社

2023年3月31日現在

事業所名等《所在地》	設備の内容	帳簿価額（百万円）							従業員数（人）
		建物及び構築物	機械装置及び運搬具	土地		リース資産	その他	合計	
				面積(㎡)	金額				
グローバル本社《東京都中央区ほか》	管理販売設備	25,026	168	(513)16,052	28,531	493	1,685	55,905	1,194
本社《大阪府大阪市中央区ほか》	管理販売設備	3,374	37	(1,006)362,305	990	3	531	4,934	425
大阪工場《大阪府大阪市淀川区》	生産・研究設備	19,492	2,787	(6,542)163,694	1,046	2	10,073	33,400	420
光工場《山口県光市》	生産・研究設備	30,236	12,975	(3,763)1,011,061	3,618	709	13,923	61,461	1,084
成田工場《千葉県成田市》	生産・研究設備	1,092	1,161	27,644	584	6	1,855	4,697	145
湘南研究所《神奈川県藤沢市》	研究設備	2,726	182	21,009	274	—	4,641	7,822	671
研修所《大阪府吹田市》	教育厚生施設	3,040	—	41,542	4,751	—	36	7,827	—
営業拠点《東京都中央区ほか》	管理販売設備	74					145	219	1,547

（注）　1　帳簿価額は，日本基準に基づく個別財務諸表の帳簿価額を記載しております。

　　　　2　当社の設備が帰属するセグメントは，医薬品事業であります。

　　　　3　帳簿価額のうち，「その他」は，工具，器具及び備品，および建設仮勘定の合計であります。

　　　　4　連結会社以外の者への賃貸中の土地172百万円（2,817㎡★2）および建物290百万円を含んでおります。

　　　　5　土地および建物の一部を連結会社以外の者から賃借しております。賃借料は6,693百万円であります。

土地の面積については，（　）で外書きしております。

6　グローバル本社および本社については，主としてグローバル本社および本社が管理を行う建物・附属設備およびそれらの土地（寮・社宅等を含む）により構成されております。

（2）　連結子会社

2023年3月31日現在

| 子会社事業所名《主な所在地》 | セグメントの名称 | 設備の内容 | 帳簿価額（百万円） | | | | | | | 従業員数（人） |
			建物及び構築物	機械装置及び運搬具	土地 面積（㎡）	土地 金額	使用権資産	その他	合計	
バクスアルタUS Inc.《米国 ジョージア州 コビントン》	医薬品事業	生産設備等	184,137	108,469	(9,177) 508,537	5,062	24,753	45,800	368,220	2,950
武田ファーマシューティカルズ U.S.A., Inc《米国 マサチューセッツ州 レキシントン》	医薬品事業	管理販売設備等	19,347	530	—	—	134,135	15,583	169,594	4,206
シャイアー・ヒューマン・ジェネティック・セラピーズ Inc.《米国 マサチューセッツ州 レキシントン》	医薬品事業	生産設備等	46,532	20,148	(6,637) 395,024	24,015	33,430	17,490	141,615	975
バイオライフ・プラズマ・サービシズ LP《米国 イリノイ州 バンノックバーン》	医薬品事業	生産設備等	41,048	14,499	(82,373) 428,161	3,886	77,027	11,211	147,671	8,249
米州武田開発センター Inc.《米国 マサチューセッツ州 レキシントン》	医薬品事業	研究設備等	17,443	16,179	24,746	8,219	9,954	3,734	55,528	3,342
武田マニュファクチャリング・オーストリア AG《オーストリア ウィーン》	医薬品事業	生産設備等	51,537	26,211	368,551	6,799	2,742	12,869	100,158	3,188
バクスアルタ・ベルギー・マニュファクチャリング S.A.《ベルギー レシーヌ》	医薬品事業	生産設備等	10,735	23,818	150,581	429	440	13,596	49,018	1,129
バクスアルタ・マニュファクチャリング S.à.r.l.《スイス ヌーシャテル》	医薬品事業	生産設備等	13,110	18,055	87,040	2,410	—	18,343	51,918	660
武田アイルランド Limited《アイルランド キルダリー》	医薬品事業	生産設備等	17,848	11,029	202,679	3,087	7	7,733	39,703	545
武田マニュファクチャリング・シンガポール Pte.Ltd.《シンガポール》	医薬品事業	生産設備等	8,416	22,490	(3,619)	—	190	5,566	36,663	363
武田マニュファクチャリング・イタリア S.p.A.《イタリア ローマ》	医薬品事業	生産設備等	9,190	14,552	109,000	1,231	—	13,497	38,469	757
武田 GmbH《ドイツ コンスタンツ》	医薬品事業	生産設備等	4	21,545	—	—	744	9,045	31,337	1,640

（注）1　帳簿価額は，IFRSに基づく金額を記載しております。

　　　2　帳簿価額のうち，「その他」は，工具，器具及び備品，および建設仮勘定の合計であります。

　　　3　上表において，連結会社以外の者への賃貸中の土地1,332百万円（1,488m★2）および建物及び構築物1,120百万円を含んでおります。

　　　4　上表において，建物，機械装置及び運搬具および土地の一部を連結会社以外の者から賃借しております。賃借料は4,899百万円であります。土地の面積については，（　）で外書きしております。

　　　5　子会社の所在地は，主な所在地を記載しており，別の所在地に生産設備を有していることがあります。

3　設備の新設，除却等の計画

①　重要な設備の新設，除却等 ··

重要な設備の新設，除却等の計画は以下のとおりであります。

区分	会社名《主な所在地》	セグメントの名称	設備の内容	投資予定金額 総額（百万円）	投資予定金額 既支払額（百万円）	資金調達方法	着手及び完了予定 着手	着手及び完了予定 完了
新設	武田薬品工業株式会社《日本 大阪府大阪市淀川区》	医薬品事業	製造設備	95,000	―	自己資金	2024年度	2028年度
新設	武田ファーマシューティカルズ U.S.A., Inc.《米国 マサチューセッツ州 ケンブリッジ》	医薬品事業	研究開発施設およびオフィス	233,263(注)	142	自己資金及びリース	2023年1月	2027年3月
新設	バクスアルタ・ベルギー・マニュファクチャリング S.A.《ベルギー レシーヌ》	医薬品事業	製造設備および倉庫	42,082	7,615	自己資金	2022年2月	2024年12月
新設	武田 GmbHおよび武田Singen Real Estate GmbH & Co. KG《ドイツ ジンゲン》	医薬品事業	製造設備	29,879	29,079	自己資金	2016年11月	2024年3月

（注）　武田ファーマシューティカルズU.S.A.,Inc.の投資予定額には，2025年開始予定のリース契約に基づくリース料支払義務を含んでおります。

提出会社の状況

1　株式等の状況

（1）　株式の総数等 ....

①　株式の総数

種類	発行可能株式総数（株）
普通株式	3,500,000,000
計	3,500,000,000

②　発行済株式

種類	事業年度末現在発行数（株）（2023年3月31日）	提出日現在発行数（株）（2023年6月28日）	上場金融商品取引所名又は登録認可金融商品取引業協会名	内容
普通株式	1,582,296,025	1,582,324,825	東京プライム市場、名古屋プレミア市場、福岡、札幌、ニューヨーク各証券取引所	単元株式数は100株であります。
計	1,582,296,025	1,582,324,825	－	－

（注）1　米国預託証券（ADS）をニューヨーク証券取引所に上場しております。

　　　2　提出日現在発行数には，2023年6月1日からこの有価証券報告書提出日までの新株予約権の行使により発行された株式数は，含まれておりません。

■ 経理の状況

1　連結財務諸表及び財務諸表の作成方法について ……………………

（1）　当社の連結財務諸表は，「連結財務諸表の用語，様式及び作成方法に関する規則」（昭和51年大蔵省令第28号。以下，「連結財務諸表規則」）第93条の規定により，国際会計基準（以下，「IFRS」）に基づいて作成しております。

（2）　当社の財務諸表は，「財務諸表等の用語，様式及び作成方法に関する規則」（昭和38年大蔵省令第59号。以下，「財務諸表等規則」）に基づいて作成しております。

　　　また，当社は，特例財務諸表提出会社に該当し，財務諸表等規則第127条の規定により財務諸表を作成しております。

2　監査証明について ………………………………………………

　当社は，金融商品取引法第193条の2第1項の規定に基づき，連結会計年度（2022年4月1日から2023年3月31日まで）の連結財務諸表及び事業年度（2022年4月1日から2023年3月31日まで）の財務諸表について，有限責任あずさ監査法人による監査を受けております。

3　連結財務諸表等の適正性を確保するための特段の取組み及びIFRSに基づいて連結財務諸表等を適正に作成することができる体制の整備について ………

　当社は，連結財務諸表等の適正性を確保するための特段の取組み及びIFRSに基づいて連結財務諸表等を適正に作成することができる体制の整備を行っております。その内容は以下のとおりであります。

（1）　会計基準の変更等に的確に対応することができる体制を整備するために，IFRSに関する十分な知識を有した従業員を配置するとともに，公益財団法人財務会計基準機構等の組織に加入し，研修等に参加することによって，専門知識の蓄積に努めております。

（2）　IFRSに基づく適正な連結財務諸表を作成するために，IFRSに準拠したグループ会計処理指針を作成し，これに基づいて会計処理を行っております。グ

ループ会計処理指針は，国際会計基準審議会が公表するプレスリリースや基準書を随時入手し，最新の基準の把握及び当社への影響の検討を行った上で，適時に内容の更新を行っております。

1 連結財務諸表等

(1) 連結財務諸表 ···

① 連結損益計算書

（単位：百万円）

	注記番号	前年度 （自 2021年4月1日 至 2022年3月31日）	当年度 （自 2022年4月1日 至 2023年3月31日）
売上収益	4	3,569,006	4,027,478
売上原価		△1,106,846	△1,244,072
販売費及び一般管理費		△886,361	△997,309
研究開発費		△526,087	△633,325
製品に係る無形資産償却費及び減損損失	12	△472,915	△542,443
その他の営業収益	5	43,123	25,424
その他の営業費用	5	△159,075	△145,247
営業利益		460,844	490,505
金融収益	6	23,700	62,913
金融費用	6	△166,607	△169,698
持分法による投資損益	14	△15,367	△8,630
税引前当期利益		302,571	375,090
法人所得税費用	7	△72,405	△58,052
当期利益		230,166	317,038
当期利益の帰属			
親会社の所有者持分	8	230,059	317,017
非支配持分		107	21
合計		230,166	317,038
1株当たり当期利益（円）			
基本的1株当たり当期利益	8	147.14	204.29
希薄化後1株当たり当期利益	8	145.87	201.94

② 連結包括利益計算書

(単位：百万円)

	注記 番号	前年度 (自　2021年4月1日 至　2022年3月31日)	当年度 (自　2022年4月1日 至　2023年3月31日)
当期利益		230,166	317,038
その他の包括利益			
純損益に振り替えられることのない項目			
その他の包括利益を通じて公正価値で測定される金融資産の公正価値の変動	9	△14,626	△2,654
確定給付制度の再測定	9	20,783	17,752
		6,158	15,098
純損益にその後に振り替えられる可能性のある項目			
在外営業活動体の換算差額	9	583,969	618,773
キャッシュ・フロー・ヘッジ	9	2,173	△21,451
ヘッジコスト	9	2,457	△16,993
持分法適用会社におけるその他の包括利益に対する持分	9,14	△497	△892
		588,103	579,437
その他の包括利益合計	9	594,261	594,535
当期包括利益合計		824,427	911,574
当期包括利益の帰属			
親会社の所有者持分		824,258	911,529
非支配持分		168	45
合計		824,427	911,574

③ 連結財政状態計算書

(単位：百万円)

	注記番号	前年度 (2022年3月31日)	当年度 (2023年3月31日)
資産			
非流動資産			
有形固定資産	10	1,582,800	1,691,229
のれん	11	4,407,749	4,790,723
無形資産	12	3,818,544	4,269,657
持分法で会計処理されている投資	14	96,579	99,174
その他の金融資産	15	233,554	279,683
その他の非流動資産		82,611	63,325
繰延税金資産	7	362,539	366,003
非流動資産合計		10,584,376	11,559,794
流動資産			
棚卸資産	16	853,167	986,457
売上債権及びその他の債権	17	696,644	649,429
その他の金融資産	15	25,305	20,174
未収法人所得税		27,733	32,264
その他の流動資産		141,099	160,868
現金及び現金同等物	18	849,695	533,530
売却目的で保有する資産	19	–	15,235
流動資産合計		2,593,642	2,397,956
資産合計		13,178,018	13,957,750

	注記番号	前年度 （2022年３月31日）	当年度 （2023年３月31日）
負債及び資本			
負債			
非流動負債			
社債及び借入金	20	4,141,418	4,042,741
その他の金融負債	21	468,943	534,269
退職給付に係る負債	22	145,847	127,594
未払法人所得税		21,634	24,558
引当金	23	52,199	55,969
その他の非流動負債	24	67,214	65,389
繰延税金負債	7	451,511	270,620
非流動負債合計		5,348,764	5,121,138
流動負債			
社債及び借入金	20	203,993	339,600
仕入債務及びその他の債務	25	516,297	649,233
その他の金融負債	21	196,071	185,537
未払法人所得税		200,918	232,377
引当金	23	443,502	508,360
その他の流動負債	24	584,949	566,689
売却目的で保有する資産に直接関連する負債	19	–	144
流動負債合計		2,145,730	2,481,940
負債合計		7,494,495	7,603,078
資本			
資本金		1,676,263	1,676,345
資本剰余金		1,708,873	1,728,830
自己株式		△116,007	△100,317
利益剰余金		1,479,716	1,541,146
その他の資本の構成要素		934,173	1,508,119
親会社の所有者に帰属する持分		5,683,019	6,354,122
非支配持分		504	549
資本合計		5,683,523	6,354,672
負債及び資本合計		13,178,018	13,957,750

④ 連結持分変動計算書

前年度（自　2021年4月1日　至　2022年3月31日）

	注記番号	親会社の所有者に帰属する持分					
						その他の資本の構成要素	
		資本金	資本剰余金	自己株式	利益剰余金	在外営業活動体の換算差額	その他の包括利益を通じて公正価値で測定される金融資産の公正価値の変動
2021年4月1日残高		1,668,145	1,688,424	△59,552	1,509,906	400,798	41,983
当期利益					230,059		
その他の包括利益						583,343	△14,558
当期包括利益		–	–	–	230,059	583,343	△14,558
新株の発行	26	8,118	14,036				
自己株式の取得	26			△79,447			
自己株式の処分			△0	1			
配当	26				△284,246		
持分変動に伴う増減額					△2,143		
その他の資本の構成要素からの振替					26,141		△5,357
株式報酬取引による増加	28		43,374				
株式報酬取引による減少（権利行使）	28		△36,960	22,992			
所有者との取引額合計		8,118	20,450	△56,454	△260,249	–	△5,357
2022年3月31日残高		1,676,263	1,708,873	△116,007	1,479,716	984,141	22,068

	注記番号	親会社の所有者に帰属する持分				合計	非支配持分	資本合計
		その他の資本の構成要素						
		キャッシュ・フロー・ヘッジ	ヘッジコスト	確定給付制度の再測定	合計			
2021年4月1日残高		△68,075	△8,592	–	366,114	5,173,037	4,140	5,177,177
当期利益					–	230,059	107	230,166
その他の包括利益		2,173	2,457	20,783	594,200	594,200	61	594,261
当期包括利益		2,173	2,457	20,783	594,200	824,258	168	824,427
新株の発行	26				–	22,154		22,154
自己株式の取得	26				–	△79,447		△79,447
自己株式の処分					–	1		1
配当	26				–	△284,246		△284,246
持分変動に伴う増減額					–	△2,143	△3,804	△5,948
その他の資本の構成要素からの振替				△20,783	△26,141			
株式報酬取引による増加	28				–	43,374		43,374
株式報酬取引による減少（権利行使）	28				–	△13,968		△13,968
所有者との取引額合計		–	–	△20,783	△26,141	△314,276	△3,804	△318,080
2022年3月31日残高		△65,901	△6,135	–	934,173	5,683,019	504	5,683,523

当年度（自　2022年4月1日　至　2023年3月31日）

（単位：百万円）

	注記番号	親会社の所有者に帰属する持分				その他の資本の構成要素	
		資本金	資本剰余金	自己株式	利益剰余金	在外営業活動体の換算差額	その他の包括利益を通じて公正価値で測定される金融資産の公正価値の変動
2022年4月1日残高		1,676,263	1,708,873	△116,007	1,479,716	984,141	22,068
超インフレによる影響額					△1,960	4,121	
2022年4月1日残高（調整後）		1,676,263	1,708,873	△116,007	1,477,756	988,263	22,068
当期利益					317,017		
その他の包括利益						617,866	△2,663
当期包括利益			－	－	317,017	617,866	△2,663
新株の発行	26	82	82				
自己株式の取得	26		△5	△27,060			
自己株式の処分			0	0			
配当	26				△278,313		
その他の資本の構成要素からの振替					24,687		△6,935
株式報酬取引による増加	28		62,670				
株式報酬取引による減少（権利行使）	28		△42,791	42,749			
所有者との取引額合計		82	19,956	15,689	△253,626	－	△6,935
2023年3月31日残高		1,676,345	1,728,830	△100,317	1,541,146	1,606,128	12,470

（単位：百万円）

	注記番号	親会社の所有者に帰属する持分				合計	非支配持分	資本合計
		その他の資本の構成要素						
		キャッシュ・フロー・ヘッジ	ヘッジコスト	確定給付制度の再測定	合計			
2022年4月1日残高		△65,901	△6,135	－	934,173	5,683,019	504	5,683,523
超インフレによる影響額					4,121	2,161		2,161
2022年4月1日残高（調整後）		△65,901	△6,135	－	938,294	5,685,180	504	5,685,684
当期利益					－	317,017	21	317,038
その他の包括利益		△21,451	△16,993	17,752	594,512	594,512	24	594,535
当期包括利益		△21,451	△16,993	17,752	594,512	911,529	45	911,574
新株の発行	26				－	164		164
自己株式の取得	26				－	△27,065		△27,065
自己株式の処分					－	1		1
配当	26				－	△278,313		△278,313
その他の資本の構成要素からの振替				△17,752	△24,687	－		－
株式報酬取引による増加	28				－	62,670		62,670
株式報酬取引による減少（権利行使）	28				－	△42		△42
所有者との取引額合計		－	－	△17,752	△24,687	△242,586	－	△242,586
2023年3月31日残高		△87,352	△23,127	－	1,508,119	6,354,122	549	6,354,672

⑤ 連結キャッシュ・フロー計算書

(単位：百万円)

	注記番号	前年度 (自 2021年4月1日 至 2022年3月31日)	当年度 (自 2022年4月1日 至 2023年3月31日)
営業活動によるキャッシュ・フロー			
当期利益		230,166	317,038
減価償却費及び償却費		583,151	664,400
減損損失		54,515	64,394
持分決済型株式報酬		43,374	60,672
有形固定資産の処分及び売却に係る損失		655	10
事業譲渡及び子会社株式売却益		△7,829	△6,807
条件付対価契約に関する金融資産及び金融負債の公正価値変動額（純額）		△11,195	3,991
金融収益及び費用（純額）		142,907	106,785
持分法による投資損益		15,367	8,630
法人所得税費用		72,405	58,052
資産及び負債の増減額			
売上債権及びその他の債権の減少額		127,294	75,127
棚卸資産の増加額		△46,148	△79,155
仕入債務及びその他の債務の増減額（△は減少）		125,157	△84,804
引当金の増減額（△は減少）		△58,090	31,899
その他の金融負債の増減額（△は減少）		△49,608	31,669
その他（純額）		41,409	△88,778
営業活動による現金生成額		1,263,528	1,163,122
法人所得税等の支払額		△147,724	△198,439
法人所得税等の還付及び還付加算金の受取額		7,301	12,473
営業活動によるキャッシュ・フロー		1,123,105	977,156
投資活動によるキャッシュ・フロー			
利息の受取額		2,919	5,054
配当金の受取額		3,401	3,562
有形固定資産の取得による支出		△123,252	△140,657
有形固定資産の売却による収入		1,815	962
無形資産の取得による支出		△62,785	△493,032
投資の取得による支出		△8,341	△10,151
投資の売却、償還による収入		16,921	22,254
事業取得による支出 （取得した現金及び現金同等物控除後）		△49,672	－
事業売却による収入 （処分した現金及び現金同等物控除後）		28,196	7,958
その他（純額）		△7,328	△3,052
投資活動によるキャッシュ・フロー		△198,125	△607,102

	注記番号	前年度 （自　2021年4月1日 至　2022年3月31日）	当年度 （自　2022年4月1日 至　2023年3月31日）
財務活動によるキャッシュ・フロー			
短期借入金及びコマーシャル・ペーパーの純増減額 　（△は減少）	27	△2	40,000
社債の発行及び長期借入れによる収入	27	249,334	75,000
社債の償還及び長期借入金の返済による支出	27	△810,115	△356,670
自己株式の取得による支出		△77,531	△26,929
利息の支払額		△108,207	△108,555
配当金の支払額		△283,665	△279,416
リース負債の支払額	27	△39,694	△43,401
その他（純額）		△385	△9,178
財務活動によるキャッシュ・フロー		△1,070,265	△709,148
現金及び現金同等物の減少額		△145,285	△339,094
現金及び現金同等物の期首残高 （連結財政状態計算書計上額）	18	966,222	849,695
現金及び現金同等物に係る換算差額		28,758	22,929
現金及び現金同等物の期末残高 （連結財政状態計算書計上額）	18	849,695	533,530

【連結財務諸表注記】

1 報告企業

　武田薬品工業株式会社（以下，「当社」）は，日本に所在する上場企業であります。当社および当社の子会社（以下，「当社グループ」）は，自らの企業理念に基づき患者さんを中心に考えるというバリュー（価値観）を根幹とする，グローバルな研究開発型のバイオ医薬品企業です。当社グループは，幅広い医薬品のポートフォリオを有し，研究，開発，製造，およびグローバルでの販売を主要な事業としております。当社グループの主要な医薬品には，当社の主要なビジネスエリアである消化器系疾患，希少疾患，血漿分画製剤（免疫疾患），オンコロジー（がん），ニューロサイエンス（神経精神疾患）の医薬品が含まれております。

2 作成の基礎

（1）準拠する会計基準

　当社グループの連結財務諸表は連結財務諸表規則第1条の2に規定する「指定国際会計基準特定会社」の要件をすべて満たすことから，連結財務諸表規則第93条の規定により，IFRSに準拠して作成しております。

（2）財務諸表の承認

　当社グループの連結財務諸表は，2023年6月28日に代表取締役社長CEOクリストフウェバーおよび取締役CFOコンスタンティンサルウコスによって承認されております。

（3）測定の基礎

　連結財務諸表は，資本性金融商品，デリバティブおよび条件付対価契約に関する金融資産および金融負債等の公正価値で測定される特定の資産および負債を除き，取得原価を基礎として作成しております。

（4）機能通貨および表示通貨

　当社グループの連結財務諸表は当社の機能通貨である日本円で表示されており，特に記載のない限り，百万円未満を四捨五入して表示しております。四捨五入された数値を含む表の合計は必ずしも各項目の合算値と一致しない場合があります。

（5）　適用された新たな基準書および解釈指針 ······································

　当連結会計年度において，当社グループの連結財務諸表に重要な影響を与える新会計基準は適用されておりません。

（6）　未適用の新たな基準書および解釈指針 ·····································

　2023年5月23日にIAS第12号「法人所得税」（以下，「IAS第12号」）の国際税制改正-第2の柱モデルルールに係る要求事項が改訂されました。当社グループは，当該改訂要求事項の一部を即時に遡及適用し，第2の柱モデルルールに係る繰延税金資産および繰延税金負債に関しては認識も情報開示もしておりません。また，当該国際税制改正が当社グループの連結財務諸表に及ぼす影響に関する開示の要求事項については，2023年4月1日より開始する事業年度より適用されます。

（7）　会計上の判断，見積りおよび仮定

　IFRSに準拠した連結財務諸表の作成にあたり，経営者は会計方針の適用ならびに資産，負債，収益および費用の金額，ならびに偶発資産および偶発負債の開示に影響を及ぼす判断，見積りおよび仮定の設定を行うことが要求されております。実際の業績はこれらの見積りとは異なる場合があります。

　見積りおよびその基礎となる仮定は，継続的に見直されます。会計上の見積りの変更による影響は，その見積りを変更した会計期間および影響を受ける将来の会計期間に認識されます。

　会計方針を適用する過程で行われた判断および見積り，ならびに会計上の見積りおよび仮定のうち，連結財務諸表に報告された金額に重大な影響を及ぼすものに関する情報は以下のとおりであります。

・不確実な税務上のポジションに基づく税金の認識および測定（注記7）
・繰延税金資産の回収可能性（注記7）
・のれん及び無形資産の減損（注記11，12）
・引当金の測定（注記23）
・当社グループの製品販売に伴う割戻および返品に対する見積り（注記3，23）
・偶発負債の将来の経済的便益の流出の可能性（注記32）

　なお，当社グループの事業活動は，新型コロナウイルス感染症（COVID-19）

の流行拡大により今後影響を受ける可能性がありますが，当社グループの業績に対する影響は限定的であると考えており，当連結財務諸表に使用した会計上の見積りおよび仮定に与える重要な影響はありません。当社グループは，状況の変化に応じて，今後も会計上の見積りおよび仮定の再評価を行います。

3 重要な会計方針 ･･

(1) 連結の基礎 ･･

当連結財務諸表は，当社および当社が直接的または間接的に支配する子会社の財務諸表に基づき作成しております。当社グループ内の重要な債権債務残高および取引は，連結財務諸表の作成に際して消去しております。

当社グループは，企業への関与により生じる変動リターンに対するエクスポージャーまたは権利を有し，企業に対するパワー，すなわち関連性のある活動を指図する現在の能力を用いて，当該リターンに影響を及ぼすことができる場合に，当該企業を支配しております。当社グループが企業を支配しているかどうかの判定に際しては，議決権または類似の権利の状況，契約上の取決めおよびその他の特定の要因が考慮されます。

子会社の財務諸表は，支配開始日から支配終了日までの間，当社グループの連結財務諸表に含まれております。また子会社の財務諸表は，当社が採用する会計方針との整合性を確保する目的で必要に応じて調整しております。

子会社に対する所有持分の変動で支配の喪失とならないものは，資本取引として会計処理しております。非支配持分の変動額と対価の公正価値との差額は，親会社の所有者に帰属する持分として資本に直接認識されております。子会社に対する支配を喪失した場合，支配喪失後も保持する持分を，支配喪失日現在の公正価値で再測定し，再測定および持分の処分に係る利得または損失を，純損益に認識しております。

(2) 関連会社および共同支配の取決めへの投資 ･･････････････････････

関連会社とは，当社グループがその財務および経営方針に対して重要な影響力を有しているものの，支配または共同支配をしていない企業をいいます。関連会社への投資は，持分法を用いて会計処理しており，取得時に取得原価で認識して

おります。その帳簿価額を増額または減額することで，取得日以降の関連会社の純損益およびその他の包括利益に対する当社グループの持分を認識しております。持分法適用会社との取引から発生した未実現利益は，関連会社に対する当社グループ持分を上限として投資から消去しております。未実現損失は，減損が生じている証拠がない場合に限り，未実現利益と同様の方法で投資から消去しております。

　共同支配の取決めとは，複数の当事者が共同支配を有する取決めをいいます。共同支配とは，取決めに対する契約上合意された支配の共有をいい，関連性のある活動に関する意思決定が，支配を共有している当事者の全員一致の合意を必要とする場合にのみ存在します。当社グループは，共同支配の取決めを，当社グループのその取決めの資産に対する権利または負債に係る義務により，ジョイント・オペレーション（共同支配に参加している投資企業が，関連する資産に対する権利および負債に対する義務を直接的に有しているもの）と，ジョイント・ベンチャー（事業を各投資企業から独立した事業体が担っており，各投資企業は当該事業体の純資産に対してのみ権利を有するもの）に分類しております。

　ジョイント・オペレーションについては，当社グループの持分に関連した資産，負債，収益および費用を認識しております。ジョイント・ベンチャーについては，持分法を適用して会計処理しております。各決算日において，当社は，関連会社またはジョイント・ベンチャーに対する投資が減損しているという客観的な証拠があるかどうかを判断します。客観的な証拠がある場合，当社は，関連会社またはジョイント・ベンチャーに対する投資に係る回収可能価額と帳簿価額の差額を減損損失として測定し，純損益に認識しております。

（3）　企業結合

　企業結合は，取得法を適用して会計処理をしております。被取得企業における識別可能な資産および負債は取得日の公正価値で測定しております。のれんは，企業結合で移転された対価の公正価値，被取得企業の非支配持分の金額，および取得企業が以前に保有していた被取得企業の資本持分の公正価値の合計が，取得日における識別可能な資産および負債の正味価額を上回る場合にその超過額として測定しております。当社グループは，取得日において，被取得企業が様々な機

能通貨を持つ多くの在外営業活動体で構成される場合，在外営業活動体の見積キャッシュ・フローを基礎として買収時に認識したのれんを当該在外営業活動体に配分しております。

　企業結合で移転された対価は，取得企業が移転した資産，取得企業に発生した被取得企業の旧所有者に対する負債および取得企業が発行した資本持分の取得日における公正価値の合計で計算しております。当社グループは非支配持分を公正価値もしくは被取得企業の識別可能な純資産に対する非支配持分相当額で測定するかについて，企業結合ごとに選択しております。

　特定の企業結合の対価には，開発マイルストンおよび販売目標の達成等の将来の事象を条件とする金額が含まれております。企業結合の対価に含まれる条件付対価は，取得日現在の公正価値で計上しております。一般的に，公正価値は適切な割引率を用いて割り引いたリスク調整後の将来のキャッシュ・フローに基づいております。公正価値は，各報告期間の末日において見直しております。貨幣の時間的価値による変動は「金融費用」として，その他の変動は「その他の営業収益」または「その他の営業費用」としてそれぞれ連結損益計算書に認識しております。

　取得関連費用は発生した期間に費用として処理しております。当社グループと非支配持分との取引から生じる所有持分の変動は，子会社に対する支配の喪失とならない場合には資本取引として会計処理し，のれんの調整は行っておりません。

(4)　外貨換算 ···

①　外貨建取引

　外貨建取引は，取引日の為替レートまたはそれに近似するレートで機能通貨に換算しております。決算日における外貨建貨幣性項目は，決算日の直物為替レートで，公正価値で測定される外貨建非貨幣性項目は，当該公正価値の算定日の為替レートで，それぞれ機能通貨に換算しております。取得原価で測定される外貨建の非貨幣性項目は，当初の取引日の直物為替レートで機能通貨に換算しております。

　当該換算および決済により生じる換算差額は純損益として認識しております。ただし，その他の包括利益を通じて測定される金融資産，在外営業活動体に対する純投資のヘッジ手段として指定された金融商品およびキャッシュ・フロー・

ヘッジから生じる換算差額については，その他の包括利益として認識しております。公正価値で測定される非貨幣性項目の換算から生じる為替差額は，当該項目の公正価値変動から生じる利得または損失の認識と整合する方法で会計処理されます。（すなわち，公正価値の変動から生じる利得または損失がその他の包括利益に認識される場合には，当該項目に係る為替差額はその他の包括利益に，公正価値変動から生じる利得または損失が純損益に認識される場合には，当該項目に係る為替差額は純損益に認識されます。）

② **在外営業活動体**

　在外営業活動体の財政状態計算書の資産および負債は，決算日現在の直物為替レートで，純損益およびその他の包括利益を表示する各計算書の収益および費用は，取引日の為替レートまたはそれに近似するレートで換算しております。なお，超インフレ経済下の在外営業事業体の財務諸表は，インフレーションの影響を反映させており，収益及び費用は期末日の為替レートにより表示通貨に換算しております。期首の物価指数による非貨幣性項目の再表示の影響は，その他の包括利益に計上しております。

　当該換算により生じる換算差額は，その他の包括利益として認識しております。在外営業活動体が処分された場合には，当該営業活動体に関連した換算差額の累計額を処分損益の一部として認識しております。

(5) 収益 ･･

　当社グループの収益は主に医薬品販売に関連したものであり，製品に対する支配が顧客に移転した時点で認識されております。収益の認識額は，当社グループが製品と交換に受け取ると見込まれる対価に基づいております。一般的には，出荷時または顧客による受領時点もしくはサービスが履行された時点で収益は認識されます。収益の認識額は，当社グループが財またはサービスと交換に受け取ると見込んでいる対価に基づいております。契約に複数の履行義務が含まれる場合，対価は独立販売価格の比率で各履行義務に配分しております。当社グループが財またはサービスと交換に受け取る対価は固定金額または変動金額の場合があります。変動対価は重要な戻入れが生じない可能性が非常に高い場合のみ認識しております。

総売上高からは，主に小売業者，政府機関，卸売業者，医療保険会社および
マネージドヘルスケア団体に対する割戻や値引等の様々な項目が控除されており
ます。これらの控除額は関連する義務に対し見積られますが，報告期間における
当該総売上高に係る控除額の見積りには判断が伴います。総売上高からこれらの
控除額を調整して，純売上高が算定されます。当社グループは，これらの控除額
に係る義務を少なくとも四半期毎に確認しており，割戻の変動，リベート・プロ
グラムおよび契約条件，法律の改定，その他重大な事象により関連する義務の見
直しが適切であることが示されている場合には，調整を行っております。なお，
これまで売上割戻に関する引当金に対する調整が，純損益に重要な影響を与えた
ことはありません。米国市場における収益控除に関する取り決めが最も複雑なも
のになっております。
　収益に係る調整のうち最も重要なものは以下のとおりであります。

・米国メディケイド：米国のメディケイド・ドラッグ・リベート・プログラム
　は，連邦政府および州が共同で拠出した資金により医療費を賄えない特定の
　条件を満たす個人および家族に対して医療費を負担する制度であり，各州が
　運営を行っております。当プログラムに係る割戻の支払額の算定には，関連
　規定の解釈が必要となりますが，これは異議申し立てによる影響または政府
　機関の解釈指針の変更による影響を受ける可能性があります。メディケイド
　の割戻に係る引当金は，割戻の対象として特定された製品，過去の経験，患
　者さんからの要請，製品価格ならびに各州の制度における契約内容および関
　連条項を考慮して算定しております。メディケイドの割戻に係る引当金は関
　連する売上収益と同じ期間に計上されますが，メディケイドに係る割戻はそ
　の期間に全額が支払われません。当社グループの売上控除額計上時点から最
　終的なメディケイドに係る割戻の会計処理までには通常数カ月の差が生じま
　す。当社グループの売上控除額の算定に用いる製品固有の条件は，当社グルー
　プの売上取引が米国のメディケイド・プログラムの対象となるかに関連して
　います。

・米国メディケア：米国のメディケア・プログラムは65歳以上の高齢者もし
　くは特定の障害者向けの公的医療保険制度であり，当プログラムのパートD

において処方薬に係る保険が規定されております。パートDの制度は民間の処方薬剤費保険により運営，提供されております。メディケア・パートDに係る割戻の引当金は各処方薬剤費保険の制度内容，患者さんからの要請，製品価格ならびに契約内容を考慮して算定しております。メディケア・パートDの割戻に係る引当金は関連する売上収益と同じ期間に計上されますが，メディケア・パートDに係る割戻はその期間に全額が支払われません。当社グループの売上控除額計上時点から最終的なメディケア・パートDに係る割戻の会計処理までには通常数カ月の差が生じます。当社グループの売上控除額の算定に用いる製品固有の条件は，当社グループの売上取引が米国のメディケア・プログラムの対象となるかに関連しています。

・顧客に対する割戻：当社グループは，マーケットシェアの維持と拡大，また，患者さんの当社グループ製品へのアクセスを確実にするために，購入機関，保険会社，マネージドヘルスケア団体およびその他の直接顧客ならびに間接顧客に対して，米国コマーシャル・マネージドケアを含む割戻を実施しております。割戻は契約上取決めがなされているため，係る引当金は各取決めの内容，過去の経験および患者さんからの要請を基に算定しております。米国コマーシャル・マネージドケアの割戻に係る引当金は関連する売上収益と同じ期間に計上されますが，米国コマーシャル・マネージドケアに係る割戻はその期間に全額が支払われません。当社グループの売上控除額計上時点から最終的な米国コマーシャル・マネージドケアに係る割戻の会計処理までには通常数カ月の差が生じます。当社グループの売上控除額の算定に用いる製品固有の条件は，当社グループの売上取引が米国コマーシャル・マネージドケアの対象となるかに関連しています。

・卸売業者に対するチャージバック：当社グループは特定の間接顧客と，顧客が卸売業者から割引価格で製品を購入可能とする取決めを結んでおります。チャージバックは卸売業者に対する当社グループの請求額および間接顧客に対する契約上の割引価格の差額であります。チャージバックの見積額は各取決めの内容，過去の経験および製品の需要を基に算定しております。当社グループは，売上債権とチャージバックを相殺する法的に強制可能な権利を有

し，かつ純額で決済するか，または資産の実現と負債の決済を同時に行う意
図を有しております。そのため，チャージバックの見積額は連結財政状態計
算書において売上債権から控除しております。
・返品調整に係る引当金：返品権付き製品を顧客に販売する際は，当社グルー
プの返品ポリシーや過去の返品率に基づいた返品見込み額を引当金として計
上しております。返品見込み率を見積る際は，過去の返品実績，予想される
流通チャネル内の在庫量および製品の保管寿命を含む関連要因を考慮してお
ります。

引当額は見積りに基づくため，実際の発生額を完全に反映していない場合があ
り，特にどの売上取引が最終的にこれらの制度の対象とされるかどうかの判断に
おいて使用されるそれぞれの製品固有の条件により変動する可能性があります。

当社グループは，一般的に製品が顧客に引き渡された時点から90日以内に顧
客から支払を受けます。当社グループは主としてそれらの取引を本人として履行
しますが，他の当事者に代わって販売を行うことがあります。その場合は，代理
人として受け取ることが見込まれる販売手数料の金額が収益として認識されます。

当社グループは，知的財産の導出および売却にかかるロイヤルティ，契約一時
金およびマイルストンにかかる収益を計上しております。知的財産にかかるロイ
ヤルティ収益は，基礎となる売上が発生した時点で認識しております。契約一時
金にかかる収益は，一般的には知的財産権の使用権を付与した時点で認識されま
す。マイルストンにかかる収益は，一般的にはマイルストンの支払条件が達成さ
れる可能性が非常に高く，認識した収益の額の重大な戻入が生じない可能性が非
常に高くなった時点で認識しております。導出した候補物質の研究開発等のその
他のサービスにかかる収益については，サービスの提供期間に応じて認識してお
ります。

当社グループは，一般的に知的財産の導出契約の締結または顧客によるマイル
ストンの支払条件の達成の確認から60日以内に顧客から支払を受けます。当社
グループはグループの知的財産を導出しているため，本人として契約を履行して
おります。また，当社グループはその他のサービスも本人または代理人として提
供しております。

当社グループは契約の範囲または価格あるいはその両方の変更が生じた場合に契約変更を識別します。なお，当社グループは，顧客との契約を変更し，変更前後の契約を独立した契約としては会計処理しない場合，変更前後で認識したそれぞれの収益は，収益の分解において同一の区分で表示しております。

（6） 政府補助金

政府補助金は，補助金交付のための付帯条件を満たし，補助金が受領されることについて合理的な保証が得られる場合に認識しております。有形固定資産の取得に対する補助金は，繰延収益として計上し，関連する資産の耐用年数にわたって規則的に純損益に認識し，対応する費用から控除しております。発生した費用に対する補助金は，補助金で補償することが意図されている関連コストを費用として認識する期間に純損益として認識し，対応する費用から控除しております。

（7） 研究開発費

研究費は発生時に費用として認識しております。内部開発費は，IAS第38号「無形資産」に従って資産の認識要件を満たす場合，通常は主要市場において規制当局に対して提出した申請書が認可される可能性が非常に高いと判断される場合に資産化しております。規制上またはその他の不確実性により資産の認識要件が満たされない場合には，支出を連結損益計算書において純損益に認識しております。研究開発に使用する有形固定資産は，資産計上した後，当該資産の見積耐用年数にわたり減価償却しております。

（8） 法人所得税

法人所得税は当期税金と繰延税金との合計額であります。当期税金および繰延税金は，企業結合に関連する法人所得税，および同一または異なる期間に，純損益の外で，すなわちその他の包括利益または資本に直接認識される項目に関連する法人所得税を除き，純損益に認識されます。

① 当期税金

当期未払税金および未収税金は当期の課税所得に基づき計上しております。課税所得は，非課税項目，課税控除項目，または税務上異なる会計期間に課税対象または課税控除となる項目を含まないため，会計上の損益とは異なります。当年度および過年度の未払法人所得税および未収法人所得税は，決算日において施

行されている，または実質的に施行されている法定税率および税法を使用し，税務当局に納付または税務当局から還付されると予想される額を，法人所得税に関連する不確実性を加味した上で算定しております。当社グループの当期税金には，不確実な税務ポジションに関する負債が含まれております。法規制および様々な管轄地域の租税裁判所の判決に伴う法改正により，不確実な税務ポジションの見積りの多くは固有の不確実性を伴います。税務当局が当社グループの税務ポジションを認める可能性が高くないと結論を下した場合に，当社グループは，税務上の不確実性を解消するために必要となる費用の最善の見積り額を認識します。この金額は，いずれの方法が不確実性の解消をより良く予測すると見込んでいるのかに応じて，最も可能性の高い金額または期待値のいずれかに基づき算定されております。また，未認識の税務上の便益は事実および状況の変化に伴い調整されます。当社グループの当期税金資産および当期税金負債は，決算日における法定税率または実質的法定税率に基づいて算定されております。

② 繰延税金

　繰延税金は，決算日における資産および負債の税務基準額と会計上の帳簿価額との間の一時差異に基づいて算定しております。繰延税金資産は，将来減算一時差異，未使用の繰越税額控除および繰越欠損金について，それらを回収できる課税所得が生じると見込まれる範囲において認識しております。これには，将来の課税所得および事業計画の可能性を評価する必要がありますが，本質的に不確実性を伴います。事業計画に含まれる売上高の予測を決定する際の判断に変更があった場合，認識される繰延税金資産の金額に重要な影響を与える可能性があります。将来の課税所得の見積りの不確実性は，当社グループが事業活動を行う経済の変化，市場状況の変化，為替変動の影響，または他の要因により増加する可能性があります。当社グループの繰延税金には，不確実な税務ポジションに関する負債が含まれております。繰延税金負債は，原則として，将来加算一時差異について認識しております。

　なお，以下の場合には，繰延税金資産または負債を計上しておりません。

・のれんの当初認識から将来加算一時差異が生じる場合

・企業結合でない取引で，かつ取引時に会計上の利益にも課税所得（欠損金）

にも影響を与えない取引における資産または負債の当初認識から一時差異が
生じる場合

・子会社，関連会社に対する投資に係る将来減算一時差異に関しては，予測可
能な将来に当該一時差異が解消しない可能性が高い場合，または当該一時差
異の使用対象となる課税所得が稼得される可能性が低い場合

・子会社，関連会社に対する投資に係る将来加算一時差異に関しては，当社が
一時差異の解消の時点をコントロールすることができ，予測可能な将来に当
該一時差異が解消しない可能性が高い場合

当社グループは，2023年5月23日に改訂されたIAS第12号の要求事項に従い，
経済開発協力機構（以下，「OECD」）が公表した第2の柱モデルルールに係る繰
延税金資産および繰延税金負債に関しては認識も情報開示もしておりません。繰
延税金資産および負債は，決算日における法定税率または実質的法定税率および
税法に基づいて一時差異が解消される時に適用されると予想される税率で算定し
ております。繰延税金資産および負債は，当期税金資産と当期税金負債を相殺す
る法律上強制力のある権利を有し，かつ同一の税務当局によって同一の納税主体
に対して課されている場合，相殺しております。

（9）　1株当たり利益

基本的1株当たり利益は，当社の普通株主に帰属する当期利益を，その期間の
自己株式を調整した発行済普通株式の加重平均株式数で除して計算しておりま
す。希薄化後1株当たり利益は，希薄化効果を有するすべての潜在株式の影響を
調整して計算しております。

（10）　有形固定資産

有形固定資産は原価モデルで測定しており，取得原価から減価償却累計額およ
び減損損失累計額を控除した価額で表示しております。取得原価には，資産の取
得に直接付随する費用，解体，除去および原状回復費用の当初見積額等が含まれ
ております。土地および建設仮勘定以外の資産の減価償却費は，見積耐用年数に
わたり，主として定額法で計上しております。使用権資産の減価償却費は，リー
ス期間の終了時までに所有権を取得することに合理的確実性がある場合を除き，
リース期間と見積耐用年数のいずれか短い方の期間にわたり定額法で計上してお

ります。これらの資産の減価償却は，使用可能となった時点から開始しております。
す。

　主な資産の種類別の耐用年数は以下のとおりであります。

建物及び構築物　3－50年

機械装置及び運搬具　　　2－20年

工具器具及び備品　　　　2－20年

（11）　のれん

　企業結合から生じたのれんは，取得原価から減損損失累計額を控除した価額で表示しております。のれんは償却を行わず，予想されるシナジーに基づき資金生成単位または資金生成単位グループに配分しております。資金生成単位または資金生成単位グループは，のれんに関する情報が利用可能であり，のれんが内部管理目的で監視されている企業内の最小の単位を示しており，事業セグメントよりも大きくありません。のれんは，それが生じた企業結合のシナジーから便益を得ることが期待されるもののみに配分され，配分方法は企業結合の事実および状況に影響されます。年次および減損の兆候がある場合にはその都度，のれんの減損テストを実施しております。のれんの減損損失は純損益として認識され，その後の戻入れは行っておりません。

（12）　製品に係る無形資産

上市後製品

　上市後製品に係る無形資産は，特許が存続する見込期間または見込まれる経済的便益に応じた他の指標に基づき，3－20年にわたって定額法で償却しております。上市後製品に係る無形資産の償却費は，連結損益計算書の「製品に係る無形資産償却費及び減損損失」に含まれております。製品に係る無形資産は，様々な包括的な権利を有し，製品の販売，製造，研究，マーケティング，流通に貢献し，複数の事業機能に便益をもたらすため，「製品に係る無形資産償却費及び減損損失」は，連結損益計算書に独立して記載されております。

仕掛研究開発品

　当社グループは，製品および化合物の研究開発プロジェクトにおいて，第三者との共同研究開発および導入契約を定期的に締結しております。通常，共同研究

開発契約については，契約後の開発マイルストンに応じた支払いが行われます。一方，導入契約については，契約一時金および契約後の開発マイルストンに応じた支払いが行われます。導入契約に係る契約一時金は導入契約の開始時に，開発マイルストンの支払についてはマイルストンの達成時に資産計上しております。

　開発中の製品に係る無形資産は使用可能ではないため償却しておりません。これらの無形資産は，年次または減損の兆候がある場合はその都度，減損テストを実施しております。無形資産の帳簿価額が回収可能価額を超過する場合には，減損損失を計上しております。開発段階で失敗，または何らかの理由により開発中止となった製品に係る無形資産は，回収可能価額（通常はゼロ）まで減額しております。

　開発中製品の商用化が承認された場合は，その時点で，研究開発中の資産を上市後製品に係る無形資産に振り替え，製品の製造販売承認日から見積耐用年数にわたって償却しております。

（13）　無形資産－ソフトウェア

　ソフトウェアは取得原価で認識し，3－10年の見積耐用年数にわたって定額法で償却しております。ソフトウェアの償却費は，連結損益計算書の「売上原価」「販売費及び一般管理費」「研究開発費」に含まれております。

（14）　リース

借手側

　当社グループは，契約の開始時点において契約がリースまたはリースを含んだものであるかどうかを判断しております。借手として当社グループは，リース期間の開始時点において，当社グループがリース契約の借手となっているすべての契約について使用権資産および関連するリース負債を連結財政状態計算書において認識しております。

　使用権資産は，リース負債にリース開始日または開始日前に発生したリース料の支払を調整した金額で当初測定し，当該金額からリース開始日後に発生した減価償却累計額および減損損失累計額を控除した金額で事後測定しております。使用権資産の減価償却費は，対象資産のリース期間と見積耐用年数のいずれか短いほうの期間にわたり定額法で計上しております。使用権資産は，減損テストの対

象となります。

　リース負債は，契約の開始時点において，リースの計算利子率を容易に算定可能な場合には当該利子率を，それ以外の場合には当社グループの追加借入利子率を用いて未決済のリース料総額を現在価値に割り引いて測定しております。当社グループは，一般的に当社の追加借入利子率を割引率として使用しております。リース期間は，リース契約の解約不能期間に，延長または解約オプションを行使することが合理的に確実である場合にこれらのオプションを加味した期間であります。当初認識後，リース負債は実効金利法により償却原価で測定され，リース期間の延長，解約オプションが行使されるかどうかの評価の見直しなどにより将来のリース料が変更された場合に再測定されます。再測定により生じた差額は，使用権資産を調整するか，または，使用権資産がすでにゼロまで償却済みである場合には純損益で認識しております。

　当社グループは，リース期間が12ヶ月以内，または少額資産のリースについて認識の免除規定を適用しております。その結果，これらのリースに係る支払リース料はリース期間にわたり定額法により費用として認識しております。また，実務上の便法として，当社グループは非リース構成部分をリース構成部分と区別せず，リース構成部分及び関連する非リース構成部分を単一のリース構成部分として会計処理することを選択しております。

（15）　非金融資産の減損 ···

　当社グループでは，決算日現在で，棚卸資産，繰延税金資産，売却目的で保有する資産，および退職給付に係る資産を除く非金融資産の帳簿価額を評価し，減損の兆候の有無を検討しております。

　減損の兆候がある場合または年次で減損テストが要求されている場合には，各資産の回収可能価額の算定を行っております。個別資産についての回収可能価額の見積りが不可能な場合には，当該資産が属する資金生成単位の回収可能価額を見積っております。資産または資金生成単位の回収可能価額は，処分コスト控除後の公正価値と使用価値のいずれか高い方の金額で測定しております。使用価値は，見積った将来キャッシュ・フローを現在価値に割り引くことにより算定しており，使用する割引率は，貨幣の時間価値，および当該資産に固有のリスクを反

映した利率を用いております。

　資産または資金生成単位の帳簿価額が回収可能価額を超過する場合には，当該資産の帳簿価額をその回収可能価額まで減額し，減損損失を純損益として認識しております。

　過年度に減損を認識した，のれん以外の資産または資金生成単位については，決算日において過年度に認識した減損損失の減少または消滅している可能性を示す兆候の有無を評価しております。そのような兆候が存在する場合には，当該資産または資金生成単位の回収可能価額の見積りを行い，回収可能価額が帳簿価額を超える場合，算定した回収可能価額と過年度で減損損失が認識されていなかった場合の減価償却または償却額控除後の帳簿価額とのいずれか低い方を上限として，減損損失を戻入れております。減損損失の戻入れは，直ちに純損益として認識しております。

（16）　棚卸資産

　棚卸資産は，原価と正味実現可能価額のいずれか低い額で計上しております。原価は主として加重平均法に基づいて算定されており，購入原価，加工費および棚卸資産を現在の場所および状態とするまでに発生したその他の費用が含まれております。正味実現可能価額とは，通常の事業の過程における見積売価から，完成までに要する見積原価および販売に要する見積費用を控除した額であります。上市前製品の在庫は，規制当局による製品認可の可能性が非常に高い場合に，資産として計上しております。それ以前は，帳簿価額に対して評価損を計上して回収可能価額まで減額しており，認可の可能性が非常に高いと判断された時点で当該評価損を戻し入れております。

（17）　現金及び現金同等物

　現金及び現金同等物は，手許現金，随時引き出し可能な預金および容易に換金可能であり，かつ，価値の変動について僅少なリスクしか負わない取得日から3ヶ月以内に償還期限の到来する短期投資であります。

（18）　売却目的で保有する資産

　継続的な使用ではなく，売却により回収が見込まれる資産または処分グループのうち，現況で直ちに売却することが可能で，当社グループの経営者が売却計画

の実行を確約しており，1年以内に売却が完了する予定である資産または処分グループを売却目的保有に分類しております。売却目的保有に分類した資産は，帳簿価額と，売却費用控除後の公正価値のいずれか低い金額で測定しております。

　売却目的保有に分類した有形固定資産および無形資産の減価償却または償却は中止し，売却目的で保有する資産および売却目的で保有する資産に直接関連する負債は，財政状態計算書上において流動項目として他の資産および負債と区分して表示しております。

（19）　退職後給付

　当社グループは，退職一時金，年金，および退職後医療給付等の退職後給付制度を運用しております。これらの制度は，制度の性質に従い確定給付制度と確定拠出制度に分類されます。

①　確定給付制度

　確定給付債務の現在価値および関連する当期勤務費用ならびに過去勤務費用は，予測単位積増方式を用いて個々の制度ごとに算定しております。割引率は，連結会計年度の末日時点の優良社債の市場利回りを参照して決定しております。確定給付制度に係る負債または資産は，確定給付債務の現在価値から，制度資産の公正価値を控除して算定しております。確定給付制度が積立超過である場合は，制度からの返還または将来掛金の減額という利用可能な将来の経済的便益の現在価値を資産上限額としております。制度改訂または縮小により生じる確定給付債務の現在価値の変動である過去勤務費用は，当該制度改訂または縮小が行われた時点で純損益に認識しております。

　確定給付制度の再測定は，発生した期に一括してその他の包括利益で認識し，利益剰余金へ振り替えております。

②　確定拠出制度

　確定拠出型の退職後給付に係る費用は，従業員が役務を提供した期に費用として計上しております。

（20）　引当金

　当社グループは，顧客から対価を受け取り，その対価の一部または全部を顧客に返金すると見込んでいる場合には，売上割戻及び返品調整に関する引当金を認

識しております。

　また，過去の事象の結果として，現在の法的債務または推定的債務が存在し，当該債務を決済するために経済的便益をもつ資源の流出が必要となる可能性が高く，当該債務の金額について信頼性のある見積りができる場合に，引当金を認識しております。

　当社グループの引当金は主に，売上割戻及び返品調整に関する引当金，訴訟引当金，および事業構造再編に係る引当金で構成されております。

（21）　金融商品

　金融商品には，リース関連の金融商品，売上債権，仕入債務，その他の債権および債務，企業結合における条件付対価に関する負債，デリバティブ金融商品，ならびに特定の会計方針に従って処理される従業員給付制度に基づく権利および義務が含まれております。

①　金融資産

（ⅰ）　当初認識および測定

　金融資産は，当社グループが当該金融商品の契約条項における当事者となった時点で連結財政状態計算書において認識しております。金融資産は，当初認識時点において公正価値で測定し，純損益を通じて公正価値で測定する負債性金融商品を除き，取得に直接起因する取引費用を加算して算定しております。

（a）　償却原価で測定される負債性金融商品

　　契約上のキャッシュ・フローを回収するために金融資産を保有することを目的とする事業モデルの中で保有されており，契約条件により，元本および元本残高に対する利息の支払のみであるキャッシュ・フローが所定の日に生じる売上債権及びその他の債権等の金融資産は償却原価で測定される金融資産に分類しております。売上債権は消費税等を含んだ請求書金額から損失評価引当金，現金値引等の見積控除金額を差し引いた金額で認識されます。

（b）　その他の包括利益を通じて公正価値で測定される負債性金融商品

　　契約上のキャッシュ・フローの回収と売却の両方によって目的が達成される事業モデルの中で保有されており，契約条件により，元本および元本残高に対する利息の支払のみであるキャッシュ・フローが所定の日に生じる金融資産

は，その他の包括利益を通じて公正価値で測定される金融資産に分類しております。

(c) 純損益を通じて公正価値で測定される負債性金融商品

　償却原価で測定される金融資産およびその他の包括利益を通じて公正価値で測定される金融資産の要件を満たさない金融資産は，純損益を通じて公正価値で測定される金融資産に分類しております。

(d) その他の包括利益を通じて公正価値で測定される資本性金融商品

　当社グループは，戦略的目的で長期的に保有される特定の資本性金融商品について，当初認識時において，金融商品ごとに行われる，資本性金融商品の公正価値の事後変動をその他の包括利益で表示するという取消不能の選択をしております。当社グループは，報告日時点において，全ての資本性金融商品をその他の包括利益を通じて公正価値で測定される金融資産として分類しております。

（ⅱ） 事後測定および認識の中止

　金融資産から生じるキャッシュ・フローに対する契約上の権利が消滅した時，または金融資産を譲渡しほとんどすべてのリスクと経済価値が他の企業に移転した場合にのみ，金融資産の認識を中止しております。

(a) 償却原価で測定される負債性金融商品

　償却原価で測定される負債性金融商品については，実効金利法による償却原価から減損損失を控除した金額で事後測定しております。利息収益，為替差損益および減損損失は純損益として認識しております。また，認識の中止時に生じた利得または損失は純損益として認識しております。

(b) その他の包括利益を通じて公正価値で測定される負債

　性金融商品その他の包括利益を通じて公正価値で測定される負債性金融商品については，当初認識後は公正価値で測定し，実効金利法により算定された利息収益，為替差損益および減損損失は純損益として認識しております。公正価値の変動から生じるその他の損益は，その他の包括利益として認識して，金融資産の認識の中止が行われる時にその他の包括利益に計上された累積額を純損益に組替調整しております。

(c)　純損益を通じて公正価値で測定される負債性金融商品

　　純損益を通じて公正価値で測定される負債性金融商品については，当初認識後は公正価値で測定し，再測定から生じる利得または損失は純損益として認識しております。

(d)　その他の包括利益を通じて公正価値で測定される資本性金融商品

　　その他の包括利益を通じて公正価値で測定される資本性金融商品については，当初認識後は公正価値で測定しております。配当は，明らかに投資原価の一部回収である場合を除き，純損益として認識しております。公正価値の変動から生じるその他の損益はその他の包括利益として認識し，事後的に純損益に振り替えることはできず，金融資産の認識の中止が行われる時にその他の包括利益の金額を資本内で利益剰余金に振り替えております。

(ⅲ)　減損

　　損失評価引当金は予想信用損失モデルを用いて計算しております。引当金の見積りは将来予測的な予想信用損失モデルに基づいており，売上債権の保有期間にわたって起こりうる債務不履行事象を含んでおります。当社グループは売上債権，契約資産およびリース債権の損失評価引当金について，全期間の予想信用損失で測定することを選択しております。当社グループは，将来見通しのための調整を加えた過去の貸倒実績率に基づく引当マトリクスを用いて全期間の予想信用損失を算定しております。これらの引当金の金額は，連結財政状態計算書における売上債権，契約資産およびリース債権の契約上の金額と見積回収可能額との差額を表しております。

② 金融負債

(ⅰ)　当初認識および測定

　　金融負債は，当社グループが契約の当事者となる時点で連結財政状態計算書において認識しております。金融負債は，当初認識時点において，純損益を通じて公正価値で測定される金融負債，社債及び借入金，または債務に分類しております。

　　金融負債は，当初認識時点において公正価値で測定し，純損益を通じて公正価値で測定される金融負債を除き，発行に直接帰属する取引費用を減算して算定し

ております。

(ⅱ)　事後測定

(a)　純損益を通じて公正価値で測定される金融負債

　　純損益を通じて公正価値で測定される金融負債は当初認識後は公正価値で測定し，再測定から生じる利得または損失は純損益として認識しております。純損益を通じて公正価値で測定される金融負債はデリバティブおよび条件付対価契約に関する金融負債を含んでおります。

(b)　その他の金融負債（社債及び借入金含む）

　　その他の金融負債は，主として実効金利法を使用して償却原価で測定しております。

(ⅲ)　認識の中止

　　契約中において，特定された債務が免責，取消し，または失効となった場合にのみ，金融負債の認識を中止しております。金融負債の認識の中止に際しては，金融負債の帳簿価額と支払われたまたは支払う予定の対価の差額は純損益として認識しております。

③　デリバティブ

　　為替レートおよび金利の変動等によるリスクに対処するため，先物為替予約，通貨オプション，金利スワップ，金利通貨スワップおよび金利先物等のデリバティブを契約しております。

　　なお，当社グループの方針として投機目的のデリバティブ取引は行っておりません。

　　デリバティブは，デリバティブ契約がヘッジ手段に指定されていない限り，純損益を通じて公正価値で測定されます。ヘッジ会計を適用していないデリバティブにかかる利得および損失は純損益に計上されます。ヘッジ手段に指定されているデリバティブの会計処理は，以下に記載のとおり，ヘッジ会計の種類により異なっております。

④　ヘッジ会計

　　為替換算リスクに対処するため，外貨建借入金等の非デリバティブおよび先物為替予約によるデリバティブの一部を在外営業活動体に対する純投資のヘッジと

して指定しております。また，外貨建取引による為替リスクに対処するため，当
社グループは先物為替予約，通貨オプションおよび金利通貨スワップ等一部のデ
リバティブを予定取引におけるキャッシュ・フロー・ヘッジとして指定しており
ます。金利リスクに対処するため，金利スワップ，金利通貨スワップおよび金利
先物を予定取引におけるキャッシュ・フロー・ヘッジとして指定しております。

　ヘッジの開始時に，ヘッジを行うための戦略に従い，リスク管理目的，ヘッジ
されるリスクの性質，およびヘッジ手段とヘッジ対象の関係について文書化して
おります。さらに，ヘッジの開始時および毎四半期において，ヘッジ手段がヘッ
ジ取引もしくは純投資の変動を相殺するのに極めて有効であるかどうかを継続的
に評価しております。

（ⅰ）　キャッシュ・フロー・ヘッジ

　キャッシュ・フロー・ヘッジとして指定し，かつ適格なデリバティブの公正価
値の変動の有効部分はその他の包括利益として認識しております。利得または損
失のうち非有効部分は直ちに純損益として認識しております。

　その他の包括利益で認識されていた金額は，ヘッジ対象に係るキャッシュ・フ
ローが純損益として認識された期に，連結損益計算書における認識されたヘッジ
対象と同じ項目において純損益に振り替えております。通貨のベーシス・スプレッ
ドおよび通貨オプションの時間的価値は，キャッシュ・フロー・ヘッジからは区
分して会計処理され，その他の資本の構成要素の独立項目であるヘッジコストに
計上されます。

（ⅱ）　在外営業活動体に対する純投資のヘッジ

　在外営業活動体に対する純投資のヘッジについては，ヘッジ手段に係る利得ま
たは損失はその他の包括利益として認識しております。在外営業活動体の処分時
には，その他の包括利益として認識していた累積損益を純損益に振り替えており
ます。

　ヘッジ手段が消滅，売却，終了または行使となった場合，もしくはヘッジ会計
に適格ではなくなった場合には，ヘッジ会計を中止しております。

⑤　負債コスト

　負債に係る金融コストは，実効金利法を用いて，負債の最も早い償還日までの

期間にわたり償却され，償却額が連結損益計算書に計上されます。当該負債の償還に際して，未償却の繰延金融コストは，連結損益計算書において，支払利息として費用処理されます。

（22）　株式に基づく報酬 ···································

当社グループは，株式報酬制度を導入しております。株式報酬制度として持分決済型と現金決済型を運用しております。

①　持分決済型

持分決済型の株式報酬は，従業員，取締役，および上級幹部の役務に基づいて付与されます。受領した役務およびそれに対応する資本の増加を付与された資本性金融商品の付与日における公正価値で測定し，権利確定期間にわたって費用として計上し，同額を資本の増加として認識しております。

②　現金決済型

現金決済型の株式報酬は，従業員，取締役，および上級幹部の役務に基づいて付与されます。受領した役務およびそれに対応する負債は，当該負債の公正価値で測定されます。負債に分類される従業員，取締役，および上級幹部に対する報酬の公正価値は，権利確定期間にわたって費用として計上され，同額を負債の増加として認識しております。

当社グループは，当該負債の公正価値を決算日および決済日に再測定し，公正価値の変動を純損益として認識しております。

（23）　資本 ···

①　普通株式

普通株式は，発行価格を資本金および資本剰余金に計上しております。

②　自己株式

自己株式を取得した場合には，その支払対価を資本の控除項目として認識しております。

自己株式を売却した場合には，帳簿価額と売却時の対価の差額を資本剰余金として認識しております。

2 財務諸表等

（1） 財務諸表 ....

① 貸借対照表

（単位：百万円）

	前事業年度 （2022年3月31日）		当事業年度 （2023年3月31日）	
資産の部				
流動資産				
現金及び預金		287,147		164,860
売掛金	※3	114,457	※3	59,765
有価証券		401,659		97,030
商品及び製品		43,736		39,202
仕掛品		34,094		46,094
原材料及び貯蔵品		32,087		39,399
未収還付法人税等		－		2,192
関係会社短期貸付金	※3	0	※3	275,053
その他	※3	115,803	※3	139,082
貸倒引当金		△2		△8
流動資産合計		1,028,980		862,669
固定資産				
有形固定資産				
建物及び構築物		86,608		85,059
機械及び装置		17,779		17,276
車両運搬具		62		35
工具、器具及び備品		6,783		8,492
土地		39,196		39,794
リース資産		1,149		1,300
建設仮勘定		21,075		24,396
有形固定資産合計		172,652		176,354
無形固定資産		31,779		33,100
投資その他の資産				
投資有価証券		41,026		32,854
関係会社株式		8,088,454		8,000,147
その他の関係会社有価証券		－		5,031
関係会社出資金		31,659		26,344
長期預け金		6,585		6,743
前払年金費用		48,716		54,350
繰延税金資産		172,752		165,410
その他	※3	19,045	※3	44,301
投資その他の資産合計		8,408,237		8,335,180
固定資産合計		8,612,668		8,544,633
資産合計		9,641,648		9,407,303

	前事業年度 （2022年3月31日）		当事業年度 （2023年3月31日）	
負債の部				
流動負債				
買掛金	※3	36,534	※3	54,471
未払金	※3	242,812	※3	150,115
未払費用	※3	56,714	※3	63,007
未払法人税等		9,954		1,462
短期借入金	※3	415,346	※3	388,195
1年内償還予定の社債		101,960		106,715
1年内返済予定の長期借入金		75,000		100,000
預り金	※3	118,774	※3	92,025
賞与引当金		18,520		14,120
株式給付引当金		3,063		3,281
役員賞与引当金		443		385
事業構造再編引当金		2,045		2,020
その他	※3	67,508	※3	24,205
流動負債合計		1,148,674		1,000,002
固定負債				
社債		2,846,583		2,787,470
長期借入金	※3	1,268,188	※3	1,262,420
退職給付引当金		6,401		7,047
訴訟引当金		28,754		38,283
株式給付引当金		2,703		2,548
事業構造再編引当金		1,447		2,219
資産除去債務		1,893		1,893
長期前受収益		9,233		12,486
その他		32,874		86,717
固定負債合計		4,198,075		4,201,082
負債合計		5,346,749		5,201,084

（単位：百万円）

	前事業年度 （2022年3月31日）	当事業年度 （2023年3月31日）
純資産の部		
株主資本		
資本金	1,676,263	1,676,345
資本剰余金		
資本準備金	1,668,276	1,668,357
その他資本剰余金	–	2,055
資本剰余金合計	1,668,276	1,670,413
利益剰余金		
利益準備金	15,885	15,885
その他利益剰余金	1,234,317	1,284,127
退職給与積立金	5,000	5,000
配当準備積立金	11,000	11,000
研究開発積立金	2,400	2,400
設備更新積立金	1,054	1,054
輸出振興積立金	434	434
固定資産圧縮積立金	※2　30,439	※2　29,890
別途積立金	814,500	814,500
繰越利益剰余金	369,489	419,850
利益剰余金合計	1,250,202	1,300,012
自己株式	△115,977	△100,288
株主資本合計	4,478,763	4,546,482
評価・換算差額等		
その他有価証券評価差額金	16,411	8,584
繰延ヘッジ損益	△201,505	△350,036
評価・換算差額等合計	△185,094	△341,452
新株予約権	1,230	1,188
純資産合計	4,294,899	4,206,219
負債純資産合計	9,641,648	9,407,303

② 損益計算書

（単位：百万円）

	前事業年度 （自 2021年 4 月 1 日 至 2022年 3 月 31 日）		当事業年度 （自 2022年 4 月 1 日 至 2023年 3 月 31 日）	
売上高	※1	764,301	※1	632,137
売上原価	※1	207,581	※1	214,973
売上総利益		556,719		417,164
販売費及び一般管理費	※1,※2	263,011	※1,※2	281,023
営業利益		293,709		136,140
営業外収益				
受取利息及び配当金	※1	374,968	※1	276,023
その他	※1	50,361	※1	53,361
営業外収益合計		425,329		329,384
営業外費用				
支払利息及び社債利息	※1	73,125	※1	85,589
その他	※1	95,036	※1	39,814
営業外費用合計		168,161		125,403
経常利益		550,876		340,122
特別利益				
関係会社再編益		–	※1,※3	42,851
特別利益合計		–		42,851
特別損失				
関係会社株式評価損	※4	178,942		–
特別損失合計		178,942		–
税引前当期純利益		371,934		382,973
法人税、住民税及び事業税		32,870		35,854
法人税等調整額		14,614		16,469
法人税等合計		47,484		52,324
当期純利益		324,450		330,649

製造原価明細書

区分	注記番号	前事業年度 (自 2021年4月1日 至 2022年3月31日) 金額 (百万円)	構成比 (%)	当事業年度 (自 2022年4月1日 至 2023年3月31日) 金額 (百万円)	構成比 (%)
Ⅰ 原材料費		100,015	67.4	121,280	69.6
Ⅱ 労務費		13,551	9.1	16,011	9.2
Ⅲ 経費	※1	34,792	23.5	37,060	21.3
当期総製造費用		148,359	100.0	174,351	100.0
仕掛品期首棚卸高		32,710		34,094	
合計		181,069		208,445	
仕掛品期末棚卸高		34,094		46,094	
他勘定振替高	※2	4,746		1,918	
当期製品製造原価		142,229		160,433	

(注) ※1 経費のうち主なものは次のとおりであります。

(単位：百万円)

	前事業年度 (自 2021年4月1日 至 2022年3月31日)	当事業年度 (自 2022年4月1日 至 2023年3月31日)
減価償却費	8,871	10,844
外注加工費	6,021	5,512

　　※2 他勘定振替高は，上市前製品にかかる営業外費用への振替等であります。

　　※3 原価計算の方法は，組別工程別総合原価計算による実際原価計算であります。

③ 株主資本等変動計算書

前事業年度（自　2021年4月1日　至　2022年3月31日）

（単位：百万円）

	株主資本						
	資本金	資本剰余金			利益剰余金		
		資本準備金	その他資本剰余金	資本剰余金合計	利益準備金	その他利益剰余金	
						退職給与積立金	配当準備積立金
当期首残高	1,668,145	1,654,239	0	1,654,239	15,885	5,000	11,000
当期変動額							
新株の発行	8,118	8,118		8,118			
株式交換による増加		5,919		5,919			
剰余金の配当				–			
固定資産圧縮積立金の積立				–			
固定資産圧縮積立金の取崩				–			
当期純利益				–			
自己株式の取得				–			
自己株式の処分			△0	△0			
株主資本以外の項目の当期変動額（純額）				–			
当期変動額合計	8,118	14,037	△0	14,037	–	–	–
当期末残高	1,676,263	1,668,276	–	1,668,276	15,885	5,000	11,000

	株主資本					
	利益剰余金					
	その他利益剰余金					
	研究開発積立金	設備更新積立金	輸出振興積立金	固定資産圧縮積立金	別途積立金	繰越利益剰余金
当期首残高	2,400	1,054	434	35,073	814,500	324,654
当期変動額						
新株の発行						
株式交換による増加						
剰余金の配当						△284,246
固定資産圧縮積立金の積立				596		△596
固定資産圧縮積立金の取崩				△5,230		5,230
当期純利益						324,450
自己株式の取得						
自己株式の処分						△0
株主資本以外の項目の当期変動額（純額）						
当期変動額合計	–	–	–	△4,634	–	44,838
当期末残高	2,400	1,054	434	30,439	814,500	369,489

	株主資本		評価・換算差額等		新株予約権	純資産合計
	自己株式	株主資本合計	その他有価証券評価差額金	繰延ヘッジ損益		
当期首残高	△59,523	4,472,861	40,124	△79,353	1,257	4,434,889
当期変動額						
新株の発行		16,236				16,236
株式交換による増加		5,919				5,919
剰余金の配当		△284,246				△284,246
固定資産圧縮積立金の積立		–				–
固定資産圧縮積立金の取崩		–				–
当期純利益		324,450				324,450
自己株式の取得	△79,447	△79,447				△79,447
自己株式の処分	22,993	22,993				22,993
株主資本以外の項目の当期変動額（純額）		–	△23,713	△122,152	△27	△145,893
当期変動額合計	△56,454	5,905	△23,713	△122,152	△27	△139,988
当期末残高	△115,977	4,478,763	16,411	△201,505	1,230	4,294,899

当事業年度（自　2022年4月1日　至　2023年3月31日）

（単位：百万円）

	株主資本						
	資本金	資本剰余金			利益剰余金		
		資本準備金	その他資本剰余金	資本剰余金合計	利益準備金	その他利益剰余金	
						退職給与積立金	配当準備積立金
当期首残高	1,676,263	1,668,276	－	1,668,276	15,885	5,000	11,000
当期変動額							
新株の発行	82	82		82			
剰余金の配当				－			
固定資産圧縮積立金の積立				－			
固定資産圧縮積立金の取崩				－			
当期純利益				－			
自己株式の取得				－			
自己株式の処分			2,055	2,055			
株主資本以外の項目の当期変動額（純額）				－			
当期変動額合計	82	82	2,055	2,137	－	－	－
当期末残高	1,676,345	1,668,357	2,055	1,670,413	15,885	5,000	11,000

	株主資本					
	利益剰余金					
	その他利益剰余金					
	研究開発積立金	設備更新積立金	輸出振興積立金	固定資産圧縮積立金	別途積立金	繰越利益剰余金
当期首残高	2,400	1,054	434	30,439	814,500	369,489
当期変動額						
新株の発行						
剰余金の配当						△280,839
固定資産圧縮積立金の積立				2,522		△2,522
固定資産圧縮積立金の取崩				△3,071		3,071
当期純利益						330,649
自己株式の取得						
自己株式の処分						
株主資本以外の項目の当期変動額（純額）						
当期変動額合計	－	－	－	△550	－	50,360
当期末残高	2,400	1,054	434	29,890	814,500	419,850

	株主資本		評価・換算差額等		新株予約権	純資産合計
	自己株式	株主資本合計	その他有価証券評価差額金	繰延ヘッジ損益		
当期首残高	△115,977	4,478,763	16,411	△201,505	1,230	4,294,899
当期変動額						
新株の発行		164				164
剰余金の配当		△280,839				△280,839
固定資産圧縮積立金の積立		－				－
固定資産圧縮積立金の取崩		－				－
当期純利益		330,649				330,649
自己株式の取得	△27,060	△27,060				△27,060
自己株式の処分	42,749	44,805				44,805
株主資本以外の項目の当期変動額（純額）		－	△7,826	△148,531	△42	△156,399
当期変動額合計	15,689	67,719	△7,826	△148,531	△42	△88,680
当期末残高	△100,288	4,546,482	8,584	△350,036	1,188	4,206,219

【注記事項】

（継続企業の前提に関する事項）

　　該当事項はありません。

（重要な会計方針）

1　重要な資産の評価基準及び評価方法 ···

（1）　有価証券の評価基準及び評価方法 ···

　　子会社株式及び関連会社株式

　　　移動平均法による原価法

　　その他有価証券

　　　市場価格のない株式等以外のもの

　　　　決算日の市場価格等に基づく時価法

　　　　（評価差額は全部純資産直入法により処理し，売却原価は移動平均法により算定）

　　　市場価格のない株式等

移動平均法による原価法

(2)　デリバティブの評価基準 ・・

時価法

(3)　棚卸資産の評価基準及び評価方法 ・・

商品及び製品

総平均法による原価法

（貸借対照表価額は収益性の低下に基づく簿価切下げの方法により算定）

仕掛品

総平均法による原価法

（貸借対照表価額は収益性の低下に基づく簿価切下げの方法により算定）

原材料及び貯蔵品

総平均法による原価法

（貸借対照表価額は収益性の低下に基づく簿価切下げの方法により算定）

2　重要な固定資産の減価償却の方法 ・・・

(1)　有形固定資産（リース資産を除く） ・・・・・・・・・・・・・・・・・・・・・・・・・・・・・・・・・・・・・・・

定率法を採用しております。

ただし，1998年4月1日以降に取得した建物（建物附属設備を除く）について
は，定額法を採用しております。

なお，主な耐用年数は以下のとおりであります。

建物及び構築物　15 ～ 50 年

機械及び装置　　4 ～ 15 年

(2)　無形固定資産（リース資産を除く） ・・・・・・・・・・・・・・・・・・・・・・・・・・・・・・・・・・・・・・・

定額法を採用しております。

なお，償却期間は利用可能期間に基づいております。

(3)　リース資産 ・・・

所有権移転外ファイナンス・リース取引に係るリース資産について，リース期
間を耐用年数とし，残存価額を零とする定額法を採用しております。

3　重要な引当金の計上基準 ··

（1）　貸倒引当金 ··

　受取手形，売掛金等の貸倒れによる損失に備えるため，一般債権については貸倒実績率により，貸倒懸念債権等特定の債権については個別に回収可能性を検討し，回収不能見込額を計上しております。

（2）　賞与引当金 ··

　従業員に対して支給する賞与の支出に充てるため，事業年度末在籍従業員に対して，支給対象期間に基づく賞与支給見込額を計上しております。

（3）　役員賞与引当金 ···

　役員に対する賞与の支給に備えるため，支給見込額を計上しております。

（4）　退職給付引当金 ···

　従業員の退職給付に備えるため，事業年度末における退職給付債務の見込額から企業年金基金制度に係る年金資産の公正価値の見込額を差し引いた金額に基づいて計上しております。なお，退職給付債務の算定にあたり，退職給付見込額を当事業年度末までの期間に帰属させる方法については，給付算定式基準によっております。

　過去勤務費用は，その発生時の従業員の平均残存勤務期間以内の一定の年数（5年）による定額法により費用処理しております。

　数理計算上の差異は，各事業年度の発生時における従業員の平均残存勤務期間以内の一定の年数（5年）による定額法により按分した額を，それぞれその発生した事業年度から費用処理することとしております。

（5）　訴訟引当金 ··

　法律およびその他の専門家からの適切な助言をもとに，財産が社外に流出する可能性が高くかつ訴訟の帰結について信頼性のある見積りができる場合に，引当金を計上しております。

（6）　株式給付引当金 ···

　株式交付規則に基づく取締役および従業員への当社株式の給付等に備えるため，当事業年度末における株式給付債務の見込額に基づき，計上しております。

(7) 事業構造再編引当金 ···

　研究開発体制の変革により今後発生が見込まれる損失について，合理的に見積られる金額を計上しております。

4　収益及び費用の計上基準 ···
（収益の計上基準）

　当社の収益は主に医薬品販売に関連したものであり，製品に対する支配が顧客に移転した時点で認識されております。収益の認識額は，当社が製品と交換に受け取ると見込まれる対価に基づいております。一般的には，出荷時または顧客による受領時点もしくはサービスが履行された時点で収益は認識されます。収益の認識額は，当社が財またはサービスと交換に受け取ると見込んでいる対価に基づいております。契約に複数の履行義務が含まれる場合，対価は独立販売価格の比率で各履行義務に配分しております。

　当社が財またはサービスと交換に受け取る対価は固定金額または変動金額の場合があります。変動対価は重要な戻入れが生じない可能性が非常に高い場合のみ認識しております。

　総売上高からは，主に小売業者，政府機関および卸売業者に対する割戻や値引等の様々な項目が控除されております。これらの控除額は関連する義務に対し見積られますが，報告期間における当該総売上高に係る控除額の見積りには判断が伴います。総売上高からこれらの控除額を調整して，純売上高が算定されます。当社は，これらの控除額に係る義務を毎事業年度確認しており，割戻の変動，契約条件および法律の改定，その他重大な事象により関連する義務の見直しが適切であることが示されている場合には，調整を行っております。なお，これまで売上割戻や値引等の事後的な変動が，純損益に重要な影響を与えたことはありません。

　当社は，一般的に製品が顧客に引き渡された時点から90日以内に顧客から支払を受けます。当社は主としてそれらの取引を本人として履行しますが，他の当事者に代わって販売を行うことがあります。その場合は，代理人として受け取ることが見込まれる販売手数料の金額が収益として認識されます。

当社は，知的財産の導出および売却にかかるロイヤルティ，契約一時金ならびにマイルストンにかかる収益を計上しております。知的財産にかかるロイヤルティ収益は，基礎となる売上が発生した時点で認識しております。契約一時金にかかる収益は，一般的には知的財産権の使用権を付与した時点で認識されます。マイルストンにかかる収益は，一般的にはマイルストンの支払条件が達成される可能性が非常に高く，認識した収益の額の重大な戻入が生じない可能性が非常に高くなった時点で認識しております。導出した候補物質の研究開発等のその他のサービスにかかる収益については，サービスの提供期間に応じて認識しております。

　当社は，一般的に知的財産の導出契約の締結または顧客によるマイルストンの支払条件の達成の確認から30日以内に顧客から支払を受けます。当社は当社の知的財産を導出しているため，本人として契約を履行しております。また，当社はその他のサービスも本人または代理人として提供しております。

5　その他財務諸表作成のための基本となる重要な事項 ·······················
（1）　ヘッジ会計 ··
①　ヘッジ会計の方法
　繰延ヘッジ処理によっております。

　なお，為替予約取引等については振当処理の要件を満たしている場合は振当処理により，金利スワップ取引については特例処理要件を満たしている場合は特例処理によっております。

②　ヘッジ手段，ヘッジ対象およびヘッジ方針
　売却する権利を有する顧客に対する売掛金および短期変動金利に連動する将来の金融損益に係るキャッシュ・フロー変動リスクの一部をヘッジするために，金利スワップ取引および金利先渡取引を行っております。為替変動に連動する，将来のキャッシュ・フロー変動リスクの一部をヘッジするために，為替予約取引等を利用しております。また，在外子会社への投資の為替変動リスクに対して，外貨建借入金及び社債等をヘッジ手段としております。これらのヘッジ取引は，利用範囲や取引先金融機関選定基準等について定めた規定に基づき行っております。

③　ヘッジ有効性評価の方法

　事前テストは回帰分析等の統計的手法，事後テストは比率分析により実施しております。

　なお，取引の重要な条件が同一であり，ヘッジ効果が極めて高い場合は，有効性の判定を省略しております。

（2）　記載金額の表示 ···

　百万円未満を四捨五入して表示しております。

（重要な会計上の見積り）

　会計上の見積りにより財務諸表にその額を計上した項目であって，翌事業年度に係る財務諸表に重要な影響を及ぼす可能性があるものは以下の通りであります。

繰延税金資産

　2022年3月期および2023年3月期の貸借対照表において，繰延税金資産172,752百万円および165,410百万円を計上しております。注記事項（税効果会計関係）に記載のとおり，2022年3月期および2023年3月期の当該繰延税金資産の繰延税金負債との相殺前の金額は212,227百万円および202,868百万円であり，将来減算一時差異及び税務上の繰越欠損金に係る繰延税金資産の総額568,051百万円および573,001百万円から評価性引当額355,824百万円および370,132百万円が控除されております。

　これらの繰延税金資産は，将来減算一時差異の解消又は税務上の繰越欠損金の一時差異等加減算前課税所得との相殺により，将来の税金負担額を軽減する効果を有すると認められる範囲内で認識されます。

　事業年度の末日において繰延税金資産の回収可能性を評価しております。繰延税金資産の回収可能性の評価においては，予想される将来加算一時差異の解消スケジュール，予想される将来課税所得およびタックスプランニングを考慮しております。このうち，収益力に基づく将来の課税所得は，主に事業計画を基礎として見積られており，当該事業計画に含まれる特定の製品に係る売上高の予測が変動した場合，翌事業年度の財務諸表において，繰延税金資産の金額に重要な影響を与える可能性があります。

（追加情報）

株式給付信託

　当社は，当社の中長期的な業績の向上と企業価値の増大への貢献意識を高めることを目的として，当社取締役および当社グループ上級幹部に対する株式付与制度を導入しております。

（1）　取引の概要 ···

　連結財務諸表（注記28　株式報酬　（2）　持分決済型株式報酬（株式付与制度））に記載しております。

（2）　信託に残存する自社の株式 ·······································

　上級幹部に対する株式給付の会計処理については，「従業員等に信託を通じて自社の株式を交付する取引に関する実務上の取扱い」（実務対応報告第30号平成27年3月26日）を適用し，信託に残存する当社株式を，信託における帳簿価額（付随費用の金額を除く。）により，純資産の部に自己株式として計上しております。また，取締役に対する株式給付の会計処理については，実務対応報告第30号を準用しております。当該自己株式の帳簿価額および株式数は，2022年3月31日および2023年3月31日現在，それぞれ40,164百万円，9,161千株および27,062百万円，6,215千株であります。配当金の総額には，当該自己株式に対する配当金が，前事業年度および当事業年度において，それぞれ1,974百万円および1,384百万円含まれております。また，配当の効力発生日が翌年度となる配当金の総額には，当該自己株式に対する配当金が559百万円含まれております。

第2章

生活用品業界の "今" を知ろう

企業の募集情報は手に入れた。しかし，それだけではまだ不十分。企業単位ではなく，業界全体を俯瞰する視点は，面接などでもよく問われる重要ポイントだ。この章では直近1年間の運輸業界を象徴する重大ニュースをまとめるとともに，今後の展望について言及している。また，章末には運輸業界における有名企業（一部抜粋）のリストも記載してあるので，今後の就職活動の参考にしてほしい。

▶▶ "キレイ"と健康 応援団

生活用品 業界の動向

　「生活用品」は，文字通り，生活に必要なモノを生産する業界である。医薬品，化粧品・トイレタリー，文房具，介護用品，ペット用品など，さまざまなモノを扱う。

❖ 医薬品の動向

　製薬会社は，大きく分けて次のように分類できる。まだ世の中にない新薬を創る「先発医薬品」メーカー，特許が切れた医薬品を製造販売する「後発医薬品（ジェネリック）」メーカー，生物由来の物質で薬を生成する「バイオ医薬品」メーカー，ドラッグストアなどで処方箋のいらない薬を製造販売する「一般用医薬品」メーカーの4種類がある。

　2022年，医薬品の市場規模は，世界で約185兆円（米IQVIA調べ）で，大幅に上昇している。これは，先進国では高齢化が理由で，新興国では人口増加や経済発展によって，いずれも医療費が増加しているためである。しかし，先発医薬品からジェネリックへの転換も進んでおり，薬代は抑えられる傾向にある。結果として増益と減益が相殺され，全体の成長率は今後も5％程度で推移すると予測されている。2022年の日本国内の医薬品市場規模は，10兆9688億円である。

●好調なジェネリック企業に翳りも

　2023年に厚生労働省が発表した2021年度の国民医療費は45.3兆円，このうち，薬局調剤医療費は7.8兆円で，国民医療費に占める割合は約18％に迫る。こういった状況を背景に，政府は医療費抑制に向けて，2023年度末までにジェネリック医薬品のシェアをすべての都道府県で80％以上に上げるという方針を打ち出した。ちなみに，ジェネリックは欧米では広く普及しており，2019年度の厚生労働省の調査では，米国95％，ドイツ89％，英国80％に対して，日本は70％のシェアだった。

政府の後押しもあり，国内のジェネリック企業は好調な業績を示していたが，安心な話題ばかりでもない。ジェネリック業界の最大手の日医工が不適切な品質管理で一時業務停止命令を受け，自主回収が相次いだ。急激な成長に製造面での品質管理が追いついていない実態があらわになった。

● 新薬開発と薬価の問題

　新薬の開発は「不治の病」といわれていた結核の死亡率を大幅に下げたり，胃潰瘍など手術が必須だった病が薬で治るようになったりと，医療現場を日々進化させている。日本人の死亡原因1位のがんも，昨今ではさまざまな治療法が確立し，死亡率は着実に低下している。しかし，新薬開発には，数百から数千億円という莫大な研究費と，10年前後の長い時間が必要となる。一例を挙げると，1年間の研究開発費は，武田薬品工業が3123億円，アステラス製薬が2081億円，大塚ホールディングスが1688億円（2016年日本製薬工業協会調べ）となっている。売上高に対する研究開発比率も突出しており，電気・自動車産業が5％前後であるのに対して，製薬会社は19％前後である。ここまでエネルギーを費やしても，新薬の成功率は3万分の1といわれているうえ，最近はこれまでの化合合成による低分子医薬品だけでなく，複雑な構造のバイオ医薬品も増えており，新薬開発は困難さを増している。

　こういった状況下，新薬開発の中心となっているのが抗がん剤である。2014年，新しい抗がん剤「オプジーボ（一般名　ニボルマブ）」が承認され，世界的な話題となった。2018年に研究者の本庶佑京都大特別教授がノーベル医学・生理学賞を受賞したことも記憶に新しい。この薬は小野薬品工業が15年かけて研究開発した，免疫を使ってがん細胞を攻撃する新薬で，「がん治療を変える画期的な薬」として大きな期待が寄せられていたが，問題は価格にあった。「オプジーボ」の価格は，肺がんの場合1カ月で約300万円もかかる。新薬は開発費が反映されるため，高額にならざるを得ない。しかし，日本には高額療養費制度があるため，自己負担は8万円程度で，残りは医療保険料と税金で賄われる。この状況を問題視した政府は「市場拡大再算定制度」の特例を適用し，2017年2月に「オプジーボ」の価格を50％引き下げた。さらに，2018年4月の薬価改定でも23.8％の引き下げを実施。11月には再算定が行われ，3度目となる37.5％の引き下げが実施された。結果，100mg10mlの薬価は当初の72万9849円から17万3768円まで下がった。

　この「市場拡大再算定制度」とは，想定より売れすぎた医薬品に対して，

緊急的に薬価の引き下げを行う措置のことをいう。政府はこれまでも2年に1度のペースで薬価改定を行ってきたが，2021年から毎年行われるようになった。これにより市場の縮小が拍車がかかることが危ぶまれている。

●国内外で進む買収

　主力商品の特許切れや薬価の引き下げなど，厳しさが増している国内状況を踏まえて，国内の製薬各社は買収を含む，海外展開を進めている。武田薬品工業は2017年2月，米国医薬ベンチャーを約6188億で買収。2018年5月には6兆8000億円でアイルランドの大手シャイアーの買収に合意したと発表した。2023年5月にも米スタートアップのニンバス・ラクシュミを40億ドルで買収した。アステラス製薬もまた，2016年12月に独バイオ医薬品企業を約1000億円で，2017年4月にはベルギーの創薬ベンチャー企業を950億円で，さらに20年1月に米オーデンテス社を買収した。この流れはジェネリック企業も同様で，規模拡大を目指して海外進出を図っている。2016年8月，日医工は米国のジェネリック注射剤を手掛ける企業を約700億円で買収した。沢井製薬も2017年6月，米国の同業を1155億円で買収している。また，バイオ医薬品に関しても，ヘルスケア部門を有する旭化成が，2018年，製薬会社を含めてM&Aの検討に入ったと発表している。

　海外ではさらに巨額な業界再編が進んでおり，米医薬・日用品大手のジョンソン・エンド・ジョンソンは2017年6月，スイスのバイオ医薬品大手アクテリオン・ファーマシューティカルズを3兆4200億円で買収した。バイオ大手の米アッヴィはアイルランドのアラガンを2020年に買収した。

　新薬開発には，膨大なコストがかかり，アプローチも多様化している。製薬会社はM&Aによって規模を拡大させ，開発を続けるための資金と人材の確保を目指している。

❖ 化粧品・トイレタリーの動向

　2022年度，国内化粧品の売上は1兆3721億円となり，上昇に転じた。新型コロナウイルス禍が落ち着きを見せ，マスクをする人が減少。リップなどのメイクアップ市場が回復しつつあることが大きい。

　トイレタリー製品には，合成洗剤や柔軟剤などの衣料関連，台所用洗剤や除菌剤といったホームケア関連，洗顔剤などのフェイス・ボディケア関連，

歯磨き粉，洗口液といったオーラルケア関連と生理用品，紙おむつなどのサニタリー用品が含まれる。新型コロナウイルスの影響でマスクや消毒液などは需要が急拡大したが，それも一旦の落ち着きを見せている。

●アンチエイジング化粧品がヒット

　2017年1月，ポーラから発売されたシワ改善美容液「リンクルショット」は1万6200円と高額ながら，発売から9カ月で約80万個，112億円を販売する爆発的ヒットとなった。その理由は，日本で初めてシワを改善する薬用化粧品（医薬部外品）として，厚生労働省の承認を得たためである。6月には資生堂も追随し，同じく医薬部外品のシワ改善クリームを「エリクシール」ブランドから発売した。約6000円とポーラの半額以下で，ドラッグストアなど約1万5000店で取り扱う販売チャネルの多さも後押しして，こちらも1カ月の販売数が68万個を突破。11月には「SHISEIDO」ブランドから「バイタルパーフェクション」を，2018年2月には「ベネフィーク」からも同じ成分を配合した「レチノリフトジーニアス」を発売している。出遅れていたコーセーも，2018年9月，最高級ブランドの「コスメデコルテ」シリーズでシワ改善美容液「iP・Shot アドバンスト」を発売，10月にはドラッグストアなどの量販店向け中価格帯商品「ザ リンクレス」の発売を開始した。

　シワ改善美容液として，大手3社の商品が出そろったことになり，競争は激しくなっている。ポーラは2018年1月，資生堂商品への対抗として，リンクルショットの価格を1割値下げした。各社とも美白や保湿など他の機能と組み合わせたシワ改善化粧品の開発にシフトしている。高額品への敷居が低いミドル・シニア層をターゲットにした市場でもあり，競争はますます激しくなることが予想される。売上成長を図る上では，ターゲットを絞った商品開発と，商品特性が消費者に伝わるような広告宣伝が重要となる。

●高付加価値で差別化を図る，トイレタリー業界

　2023年のトイレタリー市場は原材料の高騰が打撃となった。各社ともに値上げや高単価商品の拡充で採算の改善をはかっているところだ。国内最大手の花王も同社として初めてすべての商品カテゴリーで値上げを試みた。

　近年は「時短」や「快適性」などをキーワードに，高付加価値のついた商品の需要が高まっている。計量カップで計らなくてもよいという手軽さが受け，2014年の発売から3年間で1億個以上を売り上げたP&Gのジェルボール型洗剤や，「半径30cmで華やかに香る」というコンセプトで大ヒットした

柔軟剤「レノアハピネス」などがその好例といえる。各社とも香りの技術や除菌効果，コンパクトさなどの機能を商品に追加して差別化を図っており，これが市場を盛り上げる一因になっている。

　オーラルケア市場も活性化しており，歯磨き粉全体では1％増にとどまったが，500円〜1000円の歯磨き粉が7％，1000円以上が5％増と，高額商品が売上を伸ばしている。また，ライオンが2017年に発売した口臭予防の歯磨き・洗口液の「NONIO」は，周囲とのコミュニケーションを高め，よい人間関係が築ける（嫌われない）といった価値の提案が受け，40代以上がメインターゲットといわれるオーラルケア製品で，多くの若年層ユーザーを掘り起こした。

●海外展開への取り組みが加速

　資生堂の「クレ・ド・ポー ボーテ」やコーセーの「コスメデコルテ」など，高級ラインが好調なものの，日本の化粧品市場規模は微増，もしくは横ばいが続く状況にある。ユーロモニターによると，2022年までの高価格帯化粧品市場の年平均成長率は，世界全体で6.3％増，アジアが9.8％増，北米が6.0％増と，好調な伸びが予想されることから，各社は，事業の再編を含めた海外展開への取り組みを進めている。

　資生堂は，すでに海外売上比率が50％を超えているが，2016年7月，高級品ブランドを持つ米化粧品メーカーのガーウィッチ・プロダクツを買収。また，6月には伊ドルチェ＆ガッバーナと商品の開発，生産，販売に関するグローバルライセンス契約を締結していたが，2021年にライセンス契約終了を発表した。さらに資生堂は，2015年には子会社のアユーラを売却。2017年も米子会社のゾートスインターナショナルを売却しており，ブランドの再編が進んでいることがうかがえる。コーセーは，2014年に米国の化粧品会社タルトを買収した。同社はSNSに特化した独自の販売戦略で急成長し，コーセーの海外売上高も24％を超えてきた。また，2016年にはコーセーブラジルを設立，2017年にはフランスに欧州初の研究拠点を設置するなど，その動きが続いている。「Obagi（オバジ）」や「肌研（ハダラボ）」などのブランドを持つロート製薬は，売上の7割を化粧品が占める。2016年7月，同社は南アフリカのヘルス＆化粧品企業を買収し，アフリカ市場の開拓を目指している。

　また，国内での業界再編も加速中だ。2016年10月，資生堂はユニ・チャームとライオンの3社で合弁会社を設立し，売り場に関するデータ分析や小売

店の店頭メンテナンスなど，売り場づくりなどで協業をスタートさせた。アパレルメーカーのオンワードは2017年2月，「product」ブランドの自然派化粧品を製造販売するベンチャー企業を買収し，化粧品事業に本格参入する。ネット通販（EC）を手始めに販路を広げ，5年以内に売上高100億円を目指すという。

　化粧品と同様，トイレタリー各社も海外展開を視野に入れている。アース製薬は2020年の海外売上高150億円を目標とし，2017年3月，ベトナムの日用品メーカーを89億円で買収した。マンダムはインドネシアの整髪料市場で8割という高いシェアがあり，約1万3000ある離島の隅々まで，販売網を敷いた。2億4000万人の人口を抱える巨大市場で，さらなる成長が期待できる。中国をはじめアジアでは，ベビー用紙おむつの需要が依然として高く，低価格が武器の「パンパース」で米P&Gが席巻していた市場に，花王とユニ・チャームが参入し，高品質・高価格で売上を伸ばしている。2014年，中国最大のネット通販サイト（EC）・アリババが海外業者版の「天猫国際」を開設，四大ポータルの一つといわれるネットイース系のネットイースコアラも2015年に同様のサービスを開始し，越境ECの利用が拡大していることも海外売上の追い風になっている。

❖ 文房具・事務用品の動向

　IT（情報技術）の進化でデジタル機器が普及し，ペーパーレスの流れは加速している。それに加えて企業の経費削減，そして新型コロナの影響もあり，文房具市場は厳しい状況に置かれた。しかし近年，個人向け需要に対応した商品開発でヒットを生み出し，文具メーカーは健闘を続けていた。しかし2021年度の国内文具・事務用品市場規模が，前年度比2.0％減の3996億円（矢野経済研究所調べ）となっている。市場拡大を牽引していた筆記具の減速や，新型コロナウイルスの感染拡大による文具販売店の休業・営業時間の短縮，インバウンド需要の激減，入学シーズンにおける学校の休校措置，在宅勤務・リモートワークの広がりによるオフィス需要の冷え込み等の影響が続いた結果と見られる。

●高機能ペンは世界中で大ヒット

　厳しい状況において，各社とも知恵を絞ったヒット商品が売上を牽引し

ていえる。筆記メーカー1位のパイロットは，消せるボールペン「フリクショ
ン」を世界100カ国以上で20億本売り上げている。「フリクション」は，熱
を加えると透明になるインクを使用しているため，ペン尾のラバーでこすれ
ば摩擦熱で文字が消えるという仕組みだ。一般のボールペンが1本100円で
売られているところ，「フリクション」は210円と高額だが「きれいに消せる」
という付加価値で，爆発的ヒットにつながった。三菱鉛筆の「クルトガ」は，
筆記中に芯が回転することで，常にとがった芯先で書ける。これも発売か
ら5年で2000万本を売り上げるヒットとなった。ゼブラの「デルガード」は「ど
れだけ力を込めても芯が折れない世界初のシャープペンシル」という宣伝文
句が功を奏し，2014年の発売から2年で1000万本を突破している。ぺんて
るの「オレンズ」もペン先のパイプがスライドして芯の折れない仕組みとなっ
ており，なかでも2017年2月に発売されたノック1回であとは芯が出続ける
機構付のフラッグシップモデル「オレンズネロ」は税抜3000円という価格に
もかかわらず，発売当初から品薄になるといったヒット商品になっている。
　このように高機能な日本の文房具は，海外でも人気が高く，大手メーカー
の海外売上比率は，「フリクション」を世界中で計20億本販売しているパイ
ロットが64％，書き味にこだわった油性ボールペン「ジェットストリーム」
が定番となっている三菱鉛筆が46％という状況で，5割前後に達する。業
界大手のコクヨもベトナムや中国，マレーシア，インドを中心に生産体制
の整備して，新興国の開拓を強化している。

生活用品業界

直近の業界各社の関連ニュースを
ななめ読みしておこう。

食品値上げ一服、日用品は一段と　メーカー100社調査

消費財メーカー各社の値上げに一服感が漂っている。食品・日用品メーカーを
対象に日経MJが10〜11月に実施した主力商品・ブランドの価格動向調査で、
今後1年に値上げの意向を示した企業は51%と前回調査を11ポイント下回っ
た。価格転嫁は進むものの販売量が減少。販路別の販売量では5割の企業がスー
パー向けが減ったと回答した。

調査では今後1年間の値付けの意向について聞いた。値上げを「予定」「調整」「検
討」すると回答した企業が全体の51%だった。3〜4月に実施した第1回調査
からは24ポイント以上低下している。今回「値上げを予定」と回答した企業
は22%と、前回調査を14ポイント下回った。

一方、価格を「変える予定はない」とした企業は6ポイント増の22%となった。
値下げを「予定」「調整」「検討」と回答する企業は前回調査で1%だったが、
今回は5%となった。直近3カ月で値上げした企業の割合は42%と、前回を
9ポイント下回る。一方で「変えていない」とした企業は10ポイント増え
59%となった。

値上げの一服感が顕著なのがここ2年ほど値上げを進めてきた食品各社。今後
1年間の間に値上げを「予定」「調整」「検討」すると回答した企業の割合は計
48%と、前回調査を10ポイント以上下回った。

こうした動きの背景の一つは消費者の値上げへの抵抗感が強まっていること
だ。2021年以降に値上げした主力商品・ブランドについて「販売量は減った」
と回答した企業は前回調査とほぼ同等の56%。値上げ前と比べ数量ベースで
苦戦が続いている企業が多い状況がうかがえる。

「数量減があり、期待したほどの売り上げ増にはなっていない」と吐露するのは
キッコーマンの中野祥三郎社長。同社は主力のしょうゆ関連調味料などを4月
と8月に断続的に値上げした。収益改善効果を期待したが、国内の同調味料の

4～9月の売上高は前年同期比1.2%減となった。

今後については少しずつ値上げが浸透し数量ベースでも回復するとみるものの「食品業界全体で値上げが起こっているので、どうしても節約志向の面も出ている」と打ち明ける。

23年初めに家庭用・業務用の冷凍食品を最大25%値上げした味の素。同社によると、冷凍ギョーザ類では値上げ以降にそのシェアは13ポイント減の31%となり、1位の座を「大阪王将」を展開するイートアンドホールディングス（HD）に譲り渡すことになった。

実際、調査で聞いた「消費者の支出意欲」のDI（「高くなっている」から「低くなっている」を引いた指数）は前回から8ポイント悪化しマイナス16となった。3カ月後の業況見通しも7ポイント低下のマイナス11となり、前回調査と比べても消費者の財布のひもが固くなっている状況もうかがえる。

そんな節約意識の高まりで再び脚光を浴びているのが小売各社のPBだ。都内在住の40代の主婦は「同じようなものであればいいと、値ごろなPB（プライベートブランド）品を買う機会も増えてきた」と話す。

調査では、出荷先の業態ごとに1年前と比べた販売量の状況を聞いた。ドラッグストアとコンビニエンスストア向けは「変わらない」が最も多かったのに対し、食品スーパーや総合スーパー（GMS）は「減った」が最多となった。

実際、スーパー各社では売り上げに占めるPBの比率が増えている。ヤオコーはライフコーポレーションと共同開発した「スターセレクト」などが好調。23年4～9月期のPB売上高は前年同期比10%増となった。小売大手では、イオンが生鮮品を除く食品PBの半分の刷新を計画するなど需要獲得へ動きは広がる。

自社のブランドに加えてPBも生産する企業の思いは複雑だ。ニチレイの大櫛顕也社長は「開発コストなどを考えるとPBの方が有利な面もある」とする。一方で「収益性のよいものもあるが、相手先が終売を決めたとたんに収益がゼロになるリスクがある。ブランドを育てて展開する自社製品と異なる点だ」と語る。

一方で、値上げ局面が引き続き続くとみられるのが、日用品業界だ。食品より遅く22年前半頃から値上げを始めたこともあり、今回の調査では5割の企業が今後1年で値上げの意向を示した。食品メーカーを上回り、前回調査を17ポイント上回った。値上げを「予定」する企業に限ると前回調査はゼロだったが、今回は2割に増えた。

新型コロナウイルスによる社会的制約が一服したことから、外出機会が増加。それに伴い日用品業界は大手各社が主力とする洗剤や日焼け止め関連商品などの需要が高まっており、他業界と比べ価格を引き上げやすい局面が続く。

値上げに積極的なのは最大手の花王。原材料高により22〜23年にかけて510億円と見込むマイナス影響のうち480億円を値上げでカバーする計画だ。UVケアなどを手掛ける事業は値上げしたものの数量ベースでも伸ばした。

エステーは「消臭力」の上位ランクに位置づけるシリーズで寝室向けの商品を発売。従来品の8割近く高い価格を想定している。

消費の減退が浮き彫りになる一方で原材料価格の見通しは不透明感を増している。食品・日用品各社のうち、仕入れ価格上昇が「24年7月以降も続く」と回答した企業は32%と、前回調査での「24年4月以降」を13ポイント下回った。一方で大きく増えたのが「わからない」の59%で、前回から18ポイント増加した。

J−オイルミルズの佐藤達也社長は「正直この先の原料価格の見通しを正確に読むことは私たちのみならずなかなかできないのではないか」と打ち明ける。不透明感が増す原材料価格も、企業の値上げへの考え方に影響を及ぼしている。

ただ、ここ2年で進んできた値上げは着実に浸透している。主力商品・ブランドのコスト上昇分を「多少なりとも価格転嫁できている」と回答した企業は9割を超え引き続き高水準だった。実勢価格について「想定通り上昇し、その価格が維持している」と回答した企業は56%で前回調査を8ポイント上回った。

茨城県在住の40代の主婦は「全体的に物価は上がってきている。高い金額に慣れてきてしまうのかなとも思う」と話す。メーカーと消費者心理の難しい駆け引きは続く。　　　　　　　　　　　　（2023年12月2日　日本経済新聞）

売り場、LGBTに寄り添う　P&Gとウエルシアがタッグ

小売りや日用品メーカーで、顧客の多様性に配慮した売り場作りを進める大手の協業が始まった。P&Gジャパン（神戸市）とドラッグストア大手のウエルシアホールディングス（HD）は、LGBTなど性的少数者に向けた接客ガイドラインを作成し、販売員などへの研修も実施する。男女別に分かれていたフロアを見直す店もあり、性別ではなく個人の趣向や機能で商品選びができるようにする動きが広がりそうだ。

P&GジャパンとウエルシアHDが春に作成した20ページ超にわたるガイドライン「インクルーシブ・ショッピング・ハンドブック」には、多くのLGBTQ＋（レズビアン、ゲイ、バイセクシュアル、トランスジェンダーやそれ以外の性的少数者）が買い物の際に経験した悩みが並ぶ。そんな個別の事例に対し、「見

た目の性別で判断するのではなく、男性用と女性用をどちらも案内する」など、接客のコツが記される。

出生時の性別と性自認が異なるトランスジェンダーでは、性自認に沿って「通称名」を使う人もいる。薬剤師に向けては本名以外で使いたい名前があるか希望を聞き取ったり、名字や番号で呼んでカウンターでフルネームを指さし確認する方法などを促す。ガイドラインには当事者でないと気づきにくかった事例が幅広く掲載されているほか、客がカミングアウトした際の対応などにも触れている。

ガイドラインを作成したのは2022年夏。20年頃から社内外でダイバーシティ推進に力を入れていた両社のトップが意気投合し、本格的に協業を始めるきっかけになったという。

流通業界ではこれまでも多様性に配慮した売り場にする取り組みがあった。「無印良品」を展開する良品計画が男女や年齢を問わない衣料品スペースを設けてきたほか、日本トイザらスは店内案内で「ボーイズ」や「ガールズ」といった表記を廃止。子どもの性別に関係なく興味のあるおもちゃを自由に選べるようにした。

トイザらスの一部店舗では、男児向けと女児向けの玩具を同じ陳列棚に並べる取り組みも進める。同社の担当者は「個々の店舗によって状況は異なるが、新店舗の出店や改装にあわせて積極的に取り組んでいきたい」と力を込める。

ただ、P&Gとウエルシアのように大手企業がタッグを組んで進める事例はほとんどなかった。ガイドライン作成にあたっては、両社で構成するプロジェクトメンバーを中心に、P&Gの美容部員やウエルシアHDの店舗スタッフなど幅広いメンバーが参加した。LGBTQ＋の当事者を交えた座談会などを何度も重ね、接客改善に向けた課題を洗い出したという。

ウエルシアHDは、LGBTQ＋の人たちが買い物をしやすくするよう店内設計を見直す実験も始めた。旗艦店である東京都新宿区の店舗では、これまでは商品配置が性別で分かれていたが春からは統合。化粧水や洗顔など、性別は問わず商品の機能ごとに売り場を分ける取り組みを始めた。

性別でフロアを分けることをやめた代わりに、店舗内にある調剤薬局の一角には個室型のブースを設置した。性別固有の他人に聞かれたくない症状などは、他の利用者の目を気にすることなく薬剤師やスタッフに相談できるようにした。

店舗の責任者は「売り上げも順調に伸びているほか特段の利用者の不満もなく、手応えを感じている」と述べる。その上で「カミングアウトしない顧客も多い

ので、改善に向けた当事者の声を拾いきれていないのが正直なところ」と課題を語る。

同社は今後、旗艦店を中心に同様の売り場作りを広げる。ガイドラインを基にした接客研修も実施しながら会社全体への浸透を進める。商品陳列はメーカーの販売戦略との兼ね合いもあるが、「メーカー側の理解もしっかりと得て、着実に進めていきたい」（ウエルシア薬局の盛永由紀子取締役人事本部長）。

P&Gとウエルシアはオンライン販売でも性的少数者に配慮する予定だ。性別などの選択をせずに買いたい商品にたどり着けるような仕組みを検討しているという。業界を代表する日用品と小売りの大手として、流通業界のダイバーシティの取り組みをリードする。　　　　　　（2023年10月1日　日本経済新聞）

ライオンなど10社が連合、荷下ろし4割短縮　24年問題で

ユニ・チャームやライオンなど日用品メーカーと卸の合計10社が年内に共同の物流システム基盤の運用を始める。数時間を要した荷下ろし作業時間を4割短くする。10社連合は共同運送も視野に入れ、運転手不足で物流が滞る懸念がある「2024年問題」に備える。トラック運転手の長時間労働を前提としていた物流の見直しが大規模な合従連衡につながってきた。

24年問題はトラック輸送に頼る企業間物流で大きな影響が予想される。これまで企業側も鉄道や船を活用するなどしてトラック輸送への依存を軽減してきたが、長時間労働の要因である配送の荷下ろしや待ち時間といった長年の課題について抜本的な解決を迫られている。

共同の物流システム基盤を運用する10社は、国内の日用品シェア（販売金額ベース）で5割を超える大型物流連合となる。輸送手段にとどまらず、業務全体をつかさどるシステム段階からの物流の効率化に踏み込む。規模の利点も生かし、運用コストを減らす。

日用品メーカーはエステー、ユニリーバ・ジャパン（東京・目黒）、小林製薬などの9社、卸からはPALTACの計10社が参画する。日用品卸のあらたも参加を検討中で、各社はP&Gジャパン（神戸市）にも参加を呼びかける方向で検討する。

まず各社は商品の受発注システムを運用するプラネットが開発した物流基盤システムを採用する。メーカーが商品を発送する際に各トラックが運ぶ商品や荷物量のデータが事前に卸に共有される。卸の倉庫で段ボールを1箱ずつ納品伝

票と突き合わせて商品を確認する細かな検品作業が不要になる。

トラック運転手の荷下ろしや待機時間を長くしていた要因の一つは、荷物の検品作業だった。これまではメーカーと卸の間で商品の出荷情報が事前に共有されていなかったため、細かな検品作業が必要だった。

プラネットとライオン、PALTACの実証実験では、荷下ろしの作業時間を4割短くできた。効果が確認できたことから本格的に年内にも運用を始める。

物流を巡る企業間の協業は多いが、これほど大規模にトラック運転手の負担軽減を目的にしてシステム共有まで踏み込んで取り組む例はない。

国土交通省の推計では現在、待機時間と荷物の積み下ろしで平均3時間を要する。国はこれを1時間以上短くすることを荷主企業に求めている。6月に政府がまとめた物流問題対策でも検品作業の効率化を挙げた。

生活用品業界の競合同士が大同団結するのもこうした政府の方針に沿った動きとなる。

日用品は商品の種類が多いうえ、配送頻度も高い。全日本トラック協会によると、トラック貨物量の4.5%（20年度）を日用品が占める。

トラックの荷下ろし作業が長引くと、別のトラックは倉庫周辺で待機せざるを得ない。長い場合は半日単位で待ち時間が発生することもある。運転手の長時間労働の要因の一つとなっている。

日用品連合は今後、メーカー各社の共同配送も視野に入れる。各社の拠点を最短ルートで回り効率よく卸の倉庫に届け、配送スケジュールを自動で算出する仕組みも検討する。　　　　　（2023年7月19日　日本経済新聞）

日用品、9割で特売減少　買い控えで除湿剤は販売3割減

紙おむつなど日用品の特売が減っている。5月は主要57品目のうち9割の品目で1年前より特売の頻度が減った。原材料高に加えて電気料金も上昇し、メーカー・小売りともに値引き原資を負担する余力が少なくなっている。店頭価格が高止まりし、売れ行きが落ち込んだ品目もある。食品を中心に幅広い分野で値上げが続き、買い控えの動きが広がる可能性がある。

全国のスーパー約470店の販売データを集める日経POS（販売時点情報管理）情報では、店舗ごとに通常より安い価格で販売された数量を「特売」として集計している。5月は日用品の主要57品目のうち50品目（88%）で販売数量に占める特売の割合が前年同月を下回った。2022年10月時点では46品目で、

特売の減少傾向が続いている。

5月に特売の割合が大きく低下した品目には、メーカーが値上げした除湿剤、キャットフードやドッグフードといったペット用品が並んだ。生理用品や紙おむつ、トイレットペーパーなど日用紙製品でも特売の減少が目立った。特売の割合が前年同月よりも10ポイント以上低下したのは12品目だった。

エステーは1月、除湿剤を値上げした。除湿剤は例年梅雨入りする5月から6月にかけて特売が増える時期だ。ところが今年は年間を通じて特売が減少している。特売の値引き原資はメーカー・卸からの販売奨励金などのほか、小売り側が負担する場合もある。

スーパーなどが加盟する日本チェーンストア協会（東京・港）の担当者は「仕入れ価格が上がった上に光熱費や人件費といった店のコストがかさみ、余裕がない」と漏らす。食品スーパー大手は「メーカーの値上げによって特売でも値ごろ感を出すのが難しくなっている」という。

原材料高の影響が長引くメーカーは販促費を絞っている。ライオンは23年1～3月期の連結営業利益が前年同期に比べ77％減った。歯磨き粉「クリニカ」など廉価版の商品で販売奨励金を減らし、採算改善につなげる。

メーカーの値上げも続いている。花王は7月以降、日用品を中心に追加値上げを計画する。「足元の物価高は影響が広範にわたっており、新商品発売やリニューアルによる販売価格引き上げだけでは乗り切れなくなっている」という。エステーも8月にカイロを値上げする。

値上げや特売の減少で店頭価格が上昇し、消費者の買い控えにつながっている。日経POSによると、除湿剤の5月の販売数量は前年同月に比べ3割以上減った。調理・キッチン用品も9％減、生理用品も8％減と落ち込んだ。

総務省が発表した4月の家計調査で、2人以上世帯の実質消費支出は前年同月比4.4％減り、2年2カ月ぶりの下落幅となった。

節約志向も強まり、割安なプライベートブランド（PB）が消費者の支持を集めている。調査会社インテージによると、ティッシュペーパーは5月のドラッグストアの販売でのPB比率が33％で前年同月より1ポイント余り上昇した。木地利光市場アナリストは「PB比率は食品は22年11月ごろがピークだった。遅れて値上げが進行する日用品は現在も上がっている」と分析する。

第一生命経済研究所の熊野英生首席エコノミストの試算によると、物価上昇により23年度の家計負担（2人以上世帯、家賃除く）は月平均で前年度比1万2116円増える見通し。節約志向が一段と強まる可能性がある。

（2023年6月16日　日本経済新聞）

▶労働環境

職種：新規事業・事業開発　　年齢・性別：20代後半・男性

・人柄の良い人が多く，風通しの良い会社だと思います。
・部下の話もよく聞いてくれ，相談に乗ってくれる上司が多いです。
・仕事のスキルは，実際に仕事をしながら身に付けていけます。
・スキルアップを目指す人にはとても良い環境だと思います。

職種：MR　　年齢・性別：20代後半・女性

・新人の頃から驚くくらい給与は高く，手当も充実しています。
・高給の分，高いレベルの仕事内容を要求されます。
・仕事ができなくてもクビにはなりませんが居づらくなると思います。
・成果は努力によらないため，モチベーションの保ち方は重要です。

職種：MR　　年齢・性別：20代前半・男性

・社風は全体的にまったりしていて，あまりガツガツはしていません。
・グローバル化の流れにより，外国人社員の採用が増えてきています。
・本社では仕事の出来不出来に関係なく，女性が優遇される風潮です。
・ヘッドハンティングされて来た人が役職に就くことが増えています。

職種：研究・開発（医薬）　　年齢・性別：30代後半・男性

・会社側も従業員のワークライフバランスを意識しているようです。
・長時間労働は極力なくし，残業は必要最低限しか行いません。
・ワークライフバランスは自分で設定しやすいと思います。
・短期の育児休暇が1週間程度あり，男性が取得するケースも。

▶福利厚生

職種：研究開発　　年齢・性別：40代後半・男性

・ 福利厚生はかなり充実していると思います。
・ 研修所と保養所が数カ所あり，利用料も安く設備も充実しています。
・ 研修は入社年数等に応じて用意され，比較的自由に参加できます。
・ 独身寮も完備しており，設備も比較的新しくて部屋はきれいです。

職種：製品開発（食品・化粧品）　　年齢・性別：30代後半・男性

・ 大きな事業所には食堂があり，市価の3割くらいで食べられます。
・ コンビニもあり，雑誌やアイスなども購入することができます。
・ 研究開発部門ということもあり，休暇は比較的取りやすいです。
・ 仕事の進捗次第ですがほぼ定時で帰れ，残業は多くて2時間程度。

職種：法人営業　　年齢・性別：20代後半・女性

・ 住宅補助があり，食堂がない場合は食事補助も出ます。
・ 有休も人によってバラつきはあるものの，ほぼ消化できる環境です。
・ 出産育児支援も整っており，企業内託児所も設置されています。
・ そこそこ働いて，子供も産みたい女性には最適の企業だと思います。

職種：ルートセールス・代理店営業　　年齢・性別：20代後半・男性

・ 家賃補助や各種手当，財形など福利厚生は充実しています。
・ 基本給が高くない分，福利厚生でだいぶ補塡されていると思います。
・ 本社では，労働時間がかなり管理されています。
・ サービス残業や日付を超える残業はめったになく，土日も休めます。

▶仕事のやりがい

職種：研究開発　　年齢・性別：40代後半・男性

- やりがいのある仕事に，積極的に参加させてもらえる社風です。
- 希望した仕事にチャレンジさせてくれる環境が整っています。
- 異業種の方たちとの社外プロジェクトにも参加できます。
- プロジェクトでは社外から会社を見られるので，刺激になります。

職種：経営企画　　年齢・性別：30代後半・男性

- 人の尊厳にかかわる仕事のため，やりがいはとても大きいです。
- 新しい顧客獲得に対する会社からの要求はかなり高いです。
- 既存のお客様のフォローも欠かせないため，仕事はハードです。
- 自分の活動が直接的に人々の幸せに繋がると思うと嬉しいです。

職種：財務　　年齢・性別：20代後半・男性

- やりたいことを経営陣に提案する機会を得やすく面白みがあります。
- 前例がないことが多く，ルール設定など一から作ることも。
- 社内だけでなく外から知識を取り入れて進める仕事も多くあります。
- 大きな案件はプロジェクトとして多くの人と協力しながら進めます。

職種：販促企画・営業企画　　年齢・性別：30代後半・男性

- 上司に力がある時は，多くの権限があるため自由に動けます。
- 新規事業などは経費も多く使え，面白みも大きいです。
- スピードを求められる事業も多いですが，やりがいがあります。
- 成果が出ないと，事業縮小ということもあるためプレッシャーも。

▶ ブラック？ホワイト？

職種：ルートセールス　　年齢・性別：20代後半・男性

- どんな仕事をしてきたかよりも誰と仕事をしてきたかが重要です。
- 上層部の権力闘争に巻き込まれ悲惨な目に遭った先輩もいます。
- 積み上げてきたキャリアと全く関係の無い部署に飛ばされることも。
- 不透明かつ理不尽で傲慢な人事がまかり通っています。

職種：法人営業　　年齢・性別：30代後半・男性

- 給与，賞与は不満ですがグループの決算を見ると納得します。
- 残業代を申請しづらく，サービス残業をする社員がほとんどです。
- この会社は社員のやりがいという名の奉仕で支えられています。
- 実績と能力で評価されますが，会社の状況により評価が上下します。

職種：ルートセールス・代理店営業　　年齢・性別：20代後半・男性

- 営業の女性がワークライフバランスを期待するのは絶望的です。
- 未だ営業の女性はいずれ辞めるものだという風潮のままです。
- 本社勤務の場合は充実したワークライフバランスを期待できます。
- 仕事を終わらせずに帰るのは根性なし，悪という風潮です。

職種：ルートセールス・代理店営業　　年齢・性別：20代後半・男性

- 新卒時の給料は他社と同額くらいですが，昇給はほぼありません。
- 残業代が出ないため，時給換算にすると悲惨です。
- 30代のベテラン社員でもマイホームを購入した人は大変そうです。
- 課長で一気に昇給するという噂でしたが，そうでもないようです。

▶ 女性の働きやすさ

職種：製品開発（食品・化粧品）　　年齢・性別：30代後半・男性

・ 女性にとっては非常に働きやすい会社だと思います。
・ 残業時間のプール制度があり有給休暇を使わず遅刻早退ができます。
・ 産休育休も取りやすく，復帰する人は多数います。
・ ただし，女性がマネージャーになるのはかなり厳しいです。

職種：法務　　年齢・性別：40代前半：男性

・ 他の企業と比べて，まだまだ女性管理職の数の少なさは否めません。
・ 女性管理職は職種によっては，徐々に増えてきています。
・ 産休・育休制度を実際に活用して職場復帰している人が多くいます。
・ 最近では管理職を目指すことに性差は特に感じられなくなりました。

職種：研究開発　　年齢・性別：20代後半・男性

・ 社長が公言しているように今後女性管理職は増えていくと思います。
・ 現に最近は女性の優先昇進が発生しています。
・ 数値目標もあるので，無理にでも目標数までもっていくと思います。
・ 女性の昇進優先のため，男性の昇進は狭き門になりつつあります。

職種：研究開発　　年齢・性別：30代前半・女性

・ 会社としては女性管理職を増やす努力をしているようです。
・ 研究部門では子供ができると，マミートラックに入ったとされます。
　 子供が居ても残業できる環境を維持できれば女性の昇進も可能です。
・ 女性管理職に理解ある人間は，残念ながら現場にはあまりいません。

▶ 今後の展望

職種：生産技術・生産管理（食品・化粧品）　　年齢・性別：30代後半・男性

・昨年社長が代わり，会社を変えようという意思は，伝わってきます。
・しかしベテラン社員が過去の栄光を引きずり，弊害となっています。
・外部から業界の事や他社製品をみる力を養う必要があると思います。
・独自路線・ブランド力が昭和のまま，悪い方へ向かう心配が。

職種：ルートセールス・代理店営業　　年齢・性別：20代前半・男性

・某製作所が業界首位で，どうやっても当社は後塵を拝しています。
　デザインも某作所が出したものを数年後に真似て出すという感じ。
・業界の競争力では常に2番手を争う状況を何とか打破したいところ。
・販売店との安定した関係は当社の強みであり今後の発展のカギかと。

職種：MR・MS　　年齢・性別：20代後半・男性

・ジェネリック医薬品を国が推奨しており，今後どうなるか不明です。
・状況を打開できそうな新薬も今のところまだありません。
・これといって業績を一気に押し上げる要因も見当たらない状況です。
・ライバル企業も伸びており，今後1位の座を守るのは難しいところ。

職種：MR・MS　　年齢・性別：20代後半・男性

・ライバルと比較して，日本市場では特に苦戦している様子。
・何かに呪われているかのようにマイナスイメージの情報が多いです。
・グローバル化を進めていますが，中途半端な印象は拭えません。
・とはいえ，今後日本での成長性は正直厳しい気がします。

生活用品業界　国内企業リスト（一部抜粋）

区別	会社名	本社住所
化学	株式会社クラレ	東京都千代田区大手町 1-1-3 大手センタービル
	旭化成株式会社	東京都千代田区神田神保町一丁目 105 番地
	共和レザー株式会社	静岡県浜松市南区東町 1876 番地
	コープケミカル株式会社	東京都千代田区一番町 23 番地 3 日本生命一番町ビル
	昭和電工株式会社	東京都港区芝大門 1-13-9
	住友化学株式会社	東京都中央区新川 2 丁目 27 番 1 号 東京住友ツインビル（東館）
	日本化成株式会社	東京都中央区新川 1-8-8 アクロス新川ビル 7 階
	住友精化株式会社	大阪市中央区北浜四丁目 5 番 33 号（住友ビル）
	日産化学工業株式会社	東京都千代田区神田錦町 3 丁目 7 番地 1
	ラサ工業株式会社	東京都中央区京橋一丁目 1 番 1 号
	株式会社クレハ	東京都中央区日本橋浜町 3-3-2
	多木化学株式会社	兵庫県加古川市別府町緑町 2 番地
	テイカ株式会社	大阪市中央区北浜 3 丁目 6 番 13 号
	石原産業株式会社	大阪市西区江戸堀一丁目 3 番 15 号
	片倉チッカリン株式会社	東京都千代田区九段北一丁目 13 番 5 号 （ヒューリック九段ビル）
	日本曹達株式会社	東京都千代田区大手町二丁目 2 番 1 号
	東ソー株式会社	東京都港区芝三丁目 8 番 2 号
	株式会社トクヤマ	山口県周南市御影町 1-1
	セントラル硝子株式会社	東京都千代田区神田錦町 3 丁目 7 番地 1 （興和一橋ビル）
	東亞合成株式会社	東京都港区西新橋一丁目 14 番 1 号
	株式会社大創産業	東広島市西条吉行東 1 丁目 4 番 14 号
	関東電化工業株式会社	東京都千代田区神田淡路町 2-105 （ワテラスアネックス）
	電気化学工業株式会社	東京都中央区日本橋室町二丁目 1 番 1 号
	信越化学工業株式会社	東京都千代田区大手町二丁目 6 番 1 号

区別	会社名	本社住所
化学	日本カーバイド工業株式会社	東京都港区港南 2-11-19
	堺化学工業株式会社	堺市堺区戎島町 5 丁目 2 番地
	エア・ウォーター株式会社	大阪市中央区南船場 2-12-8 エア・ウォータービル
	大陽日酸株式会社	東京都品川区小山 1-3-26 東洋 Bldg.
	日本化学工業株式会社	東京都江東区亀戸 9-11-1
	日本パーカライジング 株式会社	東京都中央区日本橋 1 丁目 15 番 1 号
	高圧ガス工業株式会社	大阪市北区中崎西 2 丁目 4 番 12 号 梅田センタービル 28 階
	チタン工業株式会社	山口県宇部市大字小串 1978 番地の 25
	四国化成工業株式会社	香川県丸亀市土器町東 8 丁目 537 番地 1
	戸田工業株式会社	広島県大竹市明治新開 1-4
	ステラケミファ株式会社	大阪市中央区淡路町三丁目 6 番 3 号 （NM プラザ御堂筋 3F）
	保土谷化学工業株式会社	東京都中央区八重洲二丁目 4 番 1 号 常和八重洲ビル
	株式会社日本触媒	大阪市中央区高麗橋 4-1-1 興銀ビル
	大日精化工業株式会社	東京都中央区日本橋馬喰町 1-7-6
	株式会社カネカ	大阪市北区中之島 2-3-18 （中之島フェスティバルタワー）
	三菱瓦斯化学株式会社	東京都千代田区丸の内 2-5-2　三菱ビル
	三井化学株式会社	東京都港区東新橋一丁目 5 番 2 号 汐留シティセンター
	JSR 株式会社	東京都港区東新橋一丁目 9 番 2 号汐留住友ビル
	東京応化工業株式会社	川崎市中原区中丸子 150 番地
	大阪有機化学工業株式会社	大阪市中央区安土町 1-7-20（新トヤマビル 5 階）
	株式会社三菱ケミカル ホールディングス	東京都千代田区丸の内 1-1-1 パレスビル
	日本合成化学工業株式会社	大阪府大阪市北区小松原町 2 番 4 号 大阪富国生命ビル
	株式会社ダイセル	大阪市北区梅田 3-4-5（毎日インテシオ）

区別	会社名	本社住所
化学	住友ベークライト株式会社	東京都品川区東品川二丁目 5 番 8 号 天王洲パークサイドビル
	積水化学工業株式会社	大阪市北区西天満 2 丁目 4 番 4 号
	日本ゼオン株式会社	東京都千代田区丸の内 1-6-2 新丸の内センタービル
	アイカ工業株式会社	愛知県清須市西堀江 2288 番地
	宇部興産株式会社	東京都港区芝浦 1-2-1　シーバンス N 館
	積水樹脂株式会社	東京都港区海岸 1-11-1 （ニュービア竹芝ノースタワー 12 階）
	タキロン株式会社	大阪市北区梅田三丁目 1 番 3 号 ノースゲートビルディング
	旭有機材工業株式会社	東京都港区浜松町 2 丁目 4 番 1 号 世界貿易センタービル 20 階
	日立化成株式会社	東京都千代田区丸の内一丁目 9 番 2 号 （グラントウキョウサウスタワー）
	ニチバン株式会社	東京都文京区関口 2 丁目 3 番 3 号
	リケンテクノス株式会社	東京都中央区日本橋本町 3 丁目 11 番 5 号
	大倉工業株式会社	香川県丸亀市中津町 1515 番地
	積水化成品工業株式会社	大阪市北区西天満 2 丁目 4 番 4 号
	群栄化学工業株式会社	群馬県高崎市宿大類町 700 番地
	タイガースポリマー株式会社	大阪府豊中市新千里東町 1 丁目 4 番 1 号
	ミライアル株式会社	東京都豊島区東池袋 1-24-1 ニッセイ池袋ビル
	日本化薬株式会社	東京都千代田区富士見 1-11-2　東京富士見ビル
	カーリットホールディングス 株式会社	東京都中央区京橋 1 丁目 17 番 10 号
	日本精化株式会社	大阪市中央区備後町 2 丁目 4 番 9 号（日本精化ビル）
	株式会社 ADEKA	東京都荒川区東尾久七丁目 2 番 35 号
	日油株式会社	東京都渋谷区恵比寿四丁目 20 番 3 号
	新日本理化株式会社	大阪市中央区備後町 2 丁目 1 番 8 号
	ハリマ化成グループ株式会社	東京都中央区日本橋 3 丁目 8-4
	花王株式会社	東京都中央区日本橋茅場町一丁目 14 番 10 号

区別	会社名	本社住所
化学	第一工業製薬株式会社	京都市下京区西七条東久保町 55
	三洋化成工業株式会社	京都市東山区一橋野本町 11-1
	大日本塗料株式会社	大阪市此花区西九条 6-1-124
	日本ペイント株式会社	大阪市北区大淀北 2-1-2
	関西ペイント株式会社	大阪市中央区今橋二丁目 6 番 14 号
	神東塗料株式会社	兵庫県尼崎市南塚口町六丁目 10 番 73 号
	中国塗料株式会社	東京都千代田区霞が関 3 丁目 2 番 6 号 東京倶楽部ビルディング
	日本特殊塗料株式会社	東京都北区王子 5 丁目 16 番 7 号
	藤倉化成株式会社	東京都港区芝公園 2-6-15 黒龍芝公園ビル
	太陽ホールディングス 株式会社	東京都練馬区羽沢二丁目 7 番 1 号
	DIC 株式会社	東京都板橋区坂下三丁目 35 番 58 号
	サカタインクス株式会社	大阪市西区江戸堀 1-23-37
	東洋インキ SC ホールディングス株式会社	東京都中央区京橋 3 丁目 7-1 相互館 110 タワー
	株式会社 T&K TOKA (株式会社 ティーアンドケイ東華)	埼玉県入間郡三芳町竹間沢 283 番地 1
	富士フイルム ホールディングス株式会社	東京都港区赤坂 9 丁目 7 番 3 号
	株式会社 資生堂	東京都中央区銀座 7-5-5
	ライオン株式会	東京都墨田区本所 1-3-7
	高砂香料工業株式会社	東京都大田区蒲田 5 丁目 37 番 1 号 ニッセイアロマスクエア 17F
	株式会社マンダム	大阪市中央区十二軒町 5-12
	株式会社ミルボン	大阪市都島区善源寺町 2 丁目 3 番 35 号
	株式会社ファンケル	横浜市中区山下町 89-1
	株式会社コーセー	東京都中央区日本橋三丁目 6-2
	株式会社ドクターシーラボ	東京都渋谷区広尾 1-1-39 恵比寿プライムスクェア 14F
	株式会社 シーボン	東京都港区六本木七丁目 18 番 12 号

区別	会社名	本社住所
化学	株式会社ポーラ・オルビスホールディングス	東京都中央区銀座 1-7-7　ポーラ銀座ビル
	株式会社ノエビアホールディングス	兵庫県神戸市中央区港島中町 6-13-1
	エステー株式会社	東京都新宿区下落合 1-4-10
	コニシ株式会社	大阪市中央区道修町 1-7-1
	長谷川香料株式会社	東京都中央区八丁堀 4-6-1 八丁堀センタービル 5 階
	星光 PMC 株式会社	東京都中央区日本橋本町 3 丁目 3 番 6 号
	小林製薬株式会社	大阪市中央区道修町 4 丁目 4 番 10 号 KDX 小林道修町ビル
	荒川化学工業株式会社	大阪市中央区平野町 1 丁目 3 番 7 号
	メック株式会社	兵庫県尼崎市昭和通 3 丁目 95 番地 アマックスビル
	日本高純度化学株式会社	東京都練馬区北町三丁目 10 番 18 号
	株式会社 JCU	東京都台東区東上野 4 丁目 8-1 TIXTOWER UENO 16 階
	新田ゼラチン株式会社	大阪市浪速区桜川 4 丁目 4 番 26 号
	アース製薬株式会社	東京都千代田区神田司町二丁目 12 番地 1
	イハラケミカル工業株式会社	東京都台東区池之端一丁目 4 番 26 号
	北興化学工業株式会社	東京都中央区日本橋本石町四丁目 4 番 20 号 （三井第二別館）
	大成ラミック株式会社	埼玉県白岡市下大崎 873-1
	クミアイ化学工業株式会社	東京都台東区池之端一丁目 4 番 26 号
	日本農薬株式会社	東京都中央区京橋 1-19-8（京橋 OM ビル）
	アキレス株式会社	東京都新宿区大京町 22-5
	株式会社有沢製作所	新潟県上越市南本町 1 丁目 5 番 5 号
	日東電工株式会社	大阪市北区大深町 4 番 20 号 グランフロント大阪 タワー A 33 階
	レック株式会社	東京都中央区日本橋浜町 3-15-1 日本橋安田スカイゲート 6F
	株式会社 きもと	埼玉県さいたま市中央区鈴谷 4 丁目 6 番 35 号
	藤森工業株式会社	東京都新宿区西新宿一丁目 23 番 7 号 新宿ファーストウエスト 10 階

区別	会社名	本社住所
化学	前澤化成工業株式会社	東京都中央区日本橋本町 2-7-1 NOF 日本橋本町ビル
	株式会社 JSP	東京都千代田区丸の内三丁目 4 番 2 号 新日石ビル
	株式会社エフピコ	広島県福山市曙町一丁目 12 番 15 号
	天馬株式会社	東京都北区赤羽 1-63-6
	信越ポリマー株式会社	東京都千代田区神田須田町 1-9
	東リ株式会社	兵庫県伊丹市東有岡 5 丁目 125 番地
	株式会社ニフコ	神奈川県横浜市 戸塚区舞岡町 184-1
	日本バルカー工業株式会社	東京都品川区大崎二丁目 1 番 1 号
	ユニ・チャーム株式会社	愛媛県四国中央市金生町下分 182 番地
医薬品	協和発酵キリン株式会社	東京都千代田区大手町一丁目 6 番 1 号（大手町ビル）
	武田薬品工業株式会社	大阪市中央区道修町四丁目 1 番 1 号
	アステラス製薬株式会社	東京都中央区日本橋本町 2-5-1
	大日本住友製薬株式会社	大阪市中央区道修町 2-6-8
	塩野義製薬株式会社	大阪市中央区道修町 3 丁目 1 番 8 号
	田辺三菱製薬株式会社	大阪市中央区北浜 2-6-18
	わかもと製薬株式会社	東京都中央区日本橋本町 2-1-6
	あすか製薬株式会社	東京都港区芝浦二丁目 5 番 1 号
	日本新薬株式会社	京都市南区吉祥院西ノ庄門口町 14
	ビオフェルミン製薬株式会社	神戸市長田区三番町五丁目 5 番地
	中外製薬株式会	東京都中央区日本橋室町 2-1-1 日本橋三井タワー（受付 15 階）
	科研製薬株式会社	東京都文京区本駒込 2-28-8
	エーザイ株式会社	東京都文京区小石川 4-6-10
	ロート製薬株式会社	大阪市生野区巽西 1-8-1
	小野薬品工業株式会社	大阪市中央区久太郎町 1 丁目 8 番 2 号
	久光製薬株式会社	千代田区丸の内 2-4-1
	有機合成薬品工業株式会社	東京都中央区日本橋人形町 3-10-4
	持田製薬株式会社	東京都新宿区四谷 1-7

区別	会社名	本社住所
医薬品	参天製薬株式会社	大阪市北区大深町 4 番 20 号 グランフロント大阪 タワー A（受付 25F）
	扶桑薬品工業株式会社	大阪市中央区道修町一丁目 7 番 10 号
	日本ケミファ株式会社	東京都千代田区岩本町 2-2-3
	株式会社ツムラ	東京都港区赤坂二丁目 17 番 11 号
	日医工株式会社	富山県富山市総曲輪 1 丁目 6 番 21
	キッセイ薬品工業株式会社	長野県松本市芳野 19 番 48 号
	生化学工業株式会社	東京都千代田区丸の内一丁目 6-1
	栄研化学株式会社	東京都台東区台東 4-19-9
	日水製薬株式会社	東京都台東区上野三丁目 23 番 9 号
	鳥居薬品株式会社	東京都中央区日本橋本町 3-4-1 トリイ日本橋ビル
	東和薬品株式会社	大阪府門真市新橋町 2 番 11 号
	富士製薬工業株式会社	東京都千代田区三番町 5 番地 7 精糖会館 6F
	沢井製薬株式会社	大阪市淀川区宮原 5 丁目 2-30
	ゼリア新薬工業株式会社	東京都中央区日本橋小舟町 10-11
	第一三共株式会社	東京都中央区日本橋本町三丁目 5 番 1 号
	キョーリン製薬 ホールディングス株式会社	東京都千代田区神田駿河台 4 丁目 6 番地
	大幸薬品株式会社	大阪府吹田市内本町三丁目 34 番 14 号
	ダイト株式会社	富山県富山市八日町 326 番地
	大塚ホールディングス 株式会社	東京都千代田区神田司町 2-9
	大正製薬ホールディングス 株式会社	東京都豊島区高田三丁目 24 番 1 号

第**3**章

就職活動のはじめかた

入りたい会社は決まった。しかし「就職活動とはそもそ
も何をしていいのかわからない」「どんな流れで進むか
わからない」という声は意外と多い。ここでは就職活
動の一般的な流れや内容，対策について解説していく。

▶就職活動のスケジュール

3月	**4月**	**6月**

就職活動スタート

> 2025年卒の就活スケジュールは,経団連と政府を中心に議論され,2024年卒の採用選考スケジュールから概ね変更なしとされている。

エントリー受付・提出

OB・OG訪問

> 企業の説明会には積極的に参加しよう。独自の企業研究だけでは見えてこなかった新たな情報を得る機会であるとともに,モチベーションアップにもつながる。また,説明会に参加した者だけに配布する資料などもある。

合同企業説明会　　個別企業説明会

筆記試験・面接試験等始まる（3月〜）

内々定（大手企業）

2月末までにやっておきたいこと

就職活動が本格化する前に,以下のことに取り組んでおこう。

◎自己分析　◎インターンシップ　◎筆記試験対策

◎業界研究・企業研究　◎学内就職ガイダンス

自分が本当にやりたいことはなにか,自分の能力を最大限に活かせる会社はどこか。自己分析と企業研究を重ね,それを文章などにして明確にしておき,面接時に最大限に活用できるようにしておこう。

※このスケジュール表は一般的なものです。本年(2019年度)の採用スケジュール表では
　ありませんので，ご注意ください。

7月　　　　　**8月**　　　　　**10月**

中小企業採用本格化

内定者の数が採用予定数に満た
ない企業，1年を通して採用を継
続している企業，夏休み以降に採
用活動を実施企業（後期採用）は
採用活動を継続して行っている。
大企業でも後期採用を行っている
こともあるので，企業から内定が
出ても，納得がいかなければ継続
して就職活動を行うこともある。

中小企業の採用が本格化するのは大手
企業より少し遅いこの時期から。HP
などで採用情報をつかむとともに，企
業研究も怠らないようにしよう。

内々定とは10月1日以前に通知（電話等）
されるもの。内定に関しては現在協定があり，
10月1日以降に文書等にて通知される。

内々定（中小企業）　　　　内定式（10月〜）

どんな人物が求められる？

多くの企業は，常識やコミュニケーション能力があり，社会のできごと
に高い関心を持っている人物を求めている。これは「会社の一員とし
て将来の企業発展に寄与してくれるか」という視点に基づく，もっとも
普遍的な選考基準だ。もちろん，「自社の志望を真剣に考えているか」
「自社の製品，サービスにどれだけの関心を向けているか」という熱
意の部分も重要な要素になる。

就活ロールプレイ！

STEP 1　就職活動のスタート

内定までの道のりは，大きく分けると以下のようになる。

自　己　分　析

企　業　研　究

エントリーシート・筆記試験・面接

内　定

01 まず自己分析からスタート

　就職活動とは，「企業に自分をPRすること」。自分自身の興味，価値観に加えて，強み・能力という要素が加わって，初めて企業側に「自分が働いたら，こういうポイントで貢献できる」と自分自身を売り込むことができるようになる。

■自分の来た道を振り返る

　自己分析をするための第一歩は，「振り返ってみる」こと。

　小学校，中学校など自分のいた"場"ごとに何をしたか（部活動など），何を学んだか，交友関係はどうだったか，興味のあったこと，覚えている印象的なことを書き出してみよう。

■テストを受けてみる

　"自分では気がついていない能力"を客観的に検査してもらうことで，自分に向いている職種が見えてくる。下記の5種類が代表的なものだ。

①職業適性検査 ②知能検査 ③性格検査

④職業興味検査 ⑤創造性検査

■先輩や専門家に相談してみる

　就職活動をするうえでは，"いかに他人に自分のことをわかってもらうか"が重要なポイント。他者の視点で自分を分析してもらうことで，より客観的な視点で自己PRができるようになる。

自己分析の流れ

❏過去の経験を書いてみる

❏現在の自己イメージを明確にする…行動，考え方，好きなものなど。

❏他人から見た自分を明確にする

❏将来の自分を明確にしてみる…どのような生活をおくっていたいか。期待，夢，願望。なりたい自分はどういうものか，掘り下げて考える。→自己分析結果を，志望動機につなげていく。

理論編 STEP2　企業の情報を収集する

01 企業の絞り込み

　志望企業の絞り込みについての考え方は大きく分けて2つある。

　第1は，同一業種の中で1次候補，2次候補……と絞り込んでいく方法。

　第2は，業種を1次，2次，3次候補と変えながら，それぞれに2社程度ずつ絞り込んでいく方法。

　第1の方法では，志望する同一業種の中で，一流企業，中堅企業，中小企業，縁故などがある歯止めの会社……というふうに絞り込んでいく。

　第2の方法では，自分が最も望んでいる業種，将来好きになれそうな業種，発展性のある業種，安定性のある業種，現在好況な業種……というふうに区別して，それぞれに適当な会社を絞り込んでいく。

02 情報の収集場所

・キャリアセンター

・新聞

・インターネット

・企業情報

『就職四季報』（東洋経済新報社刊），『日経会社情報』（日本経済新聞社刊）などの企業情報。この種の資料は本来"株式市場"についての資料だが，その時期の景気動向を含めた情報を仕入れることができる。

・経済雑誌

『ダイヤモンド』（ダイヤモンド社刊）や『東洋経済』（東洋経済新報社刊），『エコノミスト』（毎日新聞出版刊）など。

・OB・OG／社会人

①成長力

まず"売上高"。次に資本力の問題や利益率などの比率。いくら資本金があっても，それを上回る膨大な借金を抱えていて，いくら稼いでも利払いに追われまくるようでは，成長できないし，安定できない。

成長力を見るには自己資本率を割り出してみる。自己資本を総資本で割って100を掛けると自己資本率がパーセントで出てくる。自己資本の比率が高いほうが成長力もあり安定度も高い。

利益率は純利益を売上高で割って100を掛ける。利益率が高ければ，企業はどんどん成長するし，社員の待遇も上昇する。利益率が低いということは，仕事がどんなに忙しくても利益にはつながらないということになる。

②技術力

技術力は，短期的な見方と長期的な展望が必要になってくる。研究部門が適切な規模か，大学など企業外の研究部門との連絡があるか，先端技術の分野で開発を続けているかどうかなど。

③経営者と経営形態

会社が将来，どのような発展をするか，または衰退するかは経営者の経営哲学，経営方針によるところが大きい。社長の経歴を知ることも必要。創始者の息子，孫といった親族が社長をしているのか，サラリーマン社長か，官庁などからの天下りかということも大切なチェックポイント。

④社風

社風というのは先輩社員から後輩社員に伝えられ，教えられるもの。社風もいろいろな面から必ずチェックしよう。

⑤安定性

企業が成長しているか，安定しているかということは車の両輪。どちらか片方の回転が遅くなっても企業はバランスを失う。安定し，しかも成長する。これが企業として最も理想とするところ。

⑥待遇

初任給だけを考えてみても，それが手取りなのか，基本給なのか。基本給というのはボーナスから退職金，定期昇給の金額にまで響いてくる。また，待遇というのは給与ばかりではなく，福利厚生施設でも大きな差が出てくる。

■そのほかの会社比較の基準

1. ゆとり度

休暇制度は，企業によって独自のものを設定しているところもある。「長期休暇制度」といったものなどの制定状況と，また実際に取得できているかどうかも調べたい。

2. 独身寮や住宅設備

最近では，社宅は廃止し，住宅手当を多く出すという流れもある。寮や社宅についての福利厚生は調べておく。

3. オフィス環境

会社に根づいた慣習や社員に対する考え方が，意外にオフィスの設備やレイアウトに表れている場合がある。

たとえば，個人の専有スペースの広さや区切り方，パソコンなどOA機器の設置状況，上司と部下の机の配置など，会社によってずいぶん違うもの。玄関ロビーや受付の様子を観察するだけでも，会社ごとのカラーや特徴がどこかに見えてくる。

4. 勤務地

転勤はイヤ，どうしても特定の地域で生活していきたい。そんな声に応えて，最近は流通業などを中心に，勤務地限定の雇用制度を取り入れる企業も増えている。

---

column　初任給では分からない本当の給与

会社の給与水準には「初任給」「平均給与」「平均ボーナス」「モデル給与」など，判断材料となるいくつかのデータがある。これらのデータからその会社の給料の優劣を判断するのは非常に難しい。

たとえば中小企業の中には，初任給が飛び抜けて高い会社がときどきある。しかしその後の昇給率は大きくないのがほとんど。

一方，大手企業の初任給は業種間や企業間の差が小さく，ほとんど横並びと言っていい。そこで，「平均給与」や「平均ボーナス」などで将来の予測をするわけだが，これは一応の目安とはなるが，個人差があるので正確とは言えない。

---

04 就職ノートの作成

■決定版「就職ノート」はこう作る

1冊にすべて書き込みたいという人には，ルーズリーフ形式のノートがお勧め。会社研究，スケジュール，時事用語，OB／OG訪問，切り抜きなどの項目を作りインデックスをつける。

カレンダー，説明会，試験などのスケジュール表を貼り，とくに会社別の説明会，面談，書類提出，試験の日程がひと目で分かる表なども作っておく。そして見開き2ページで1社を載せ，左ページに企業研究，右ページには志望理由，自己PRなどを整理する。

就職ノートの主なチェック項目

❏企業研究…資本金，業務内容，従業員数など基礎的な会社概要から，過去の採用状況，業務報告などのデータ

❏採用試験メモ…日程，条件，提出書類，採用方法，試験の傾向など

❏店舗・営業所見学メモ…流通関係，銀行などの場合は，客として訪問し，商品（値段，使用価値，ユーザーへの配慮），店員（接客態度，商品知識，熱意，親切度），店舗（ショーケース，陳列の工夫，店内の清潔さ）などの面をチェック

❏OB／OG訪問メモ…OB／OGの名前，連絡先，訪問日時，面談場所，質疑応答のポイント，印象など

❏会社訪問メモ…連絡先，人事担当者名，会社までの交通機関，最寄り駅からの地図，訪問のときに得た情報や印象，訪問にいたるまでの経過も記入

05 「OB／OG訪問」

「OB／OG訪問」は，実際は採用予備選考開始。まず，OB／OG訪問を希望したら，大学のキャリアセンター，教授などの紹介で，志望企業に勤める先輩の手がかりをつかむ。もちろん直接電話なり手紙で，自分の意向を会社側に伝えてもいい。自分の在籍大学，学部をはっきり言って，「先輩を紹介していただけないでしょうか」と依頼しよう。

参考

OB／OG訪問時の質問リスト例

●採用について
- ・成績と面接の比重
- ・採用までのプロセス（日程）
- ・面接は何回あるか
- ・面接で質問される事項　etc.
- ・評価のポイント
- ・筆記試験の傾向と対策
- ・コネの効力はどうか

●仕事について
- ・内容（入社10年, 20年のOB/OG）
- ・希望職種につけるのか
- ・残業，休日出勤，出張など
- ・新入社員の仕事
- ・やりがいはどうか
- ・同業他社と比較してどうか　etc.

●社風について
- ・社内のムード
- ・仕事のさせ方　etc.
- ・上司や同僚との関係

●待遇について
- ・給与について
- ・昇進のスピード
- ・福利厚生の状態
- ・離職率について　etc.

06 インターンシップ

インターンシップとは，学生向けに企業が用意している「就業体験」プログラム。ここで学生はさまざまな企業の実態をより深く知ることができ，その後の就職活動において自己分析，業界研究，職種選びなどに活かすことができる。また企業側にとっても有能な学生を発掘できるというメリットがあるため，導入する企業は増えている。

インターンシップ参加が採用につながっているケースもあるため，たくさん参加してみよう。

column コネを利用するのも1つの手段？

コネを活用できるのは，以下のような場合である。

・企業と大学に何らかの「連絡」がある場合

企業の新卒採用の場合，特定校・指定校が決められていることもある。企業側が過去の実績などに基づいて決めており，大学の力が大きくものをいう。

とくに理工系では，指導教授や研究室と企業との連絡が密接な場合が多く，教授の推薦が有利であることは言うまでもない。同じ大学出身の先輩とのコネも，この部類に区分できる。

・志望企業と「関係」ある人と関係がある場合

一般的に言えば，志望企業の取り引き先関係からの紹介というのが一番多い。ただし，年間億単位の実績が必要で，しかも部長・役員以上につながっていなければコネがあるとは言えない。

・志望企業と何らかの「親しい関係」がある場合

志望企業に勤務したりアルバイトをしていたことがあるという場合。インターンシップもここに分類される。職場にも馴染みがあり人間関係もできているので，就職に際してきわめて有利。

・志望会社に関係する人と「縁故」がある場合

縁故を「血縁関係」とした場合，日本企業ではこのコネはかなり有効なところもある。ただし，血縁者が同じ会社にいるというのは不都合なことも多いので，どの企業も慎重。

1. 受付の様子

　受付事務がテキパキとしていて，分かりやすいかどうか。社員の態度が親切で誠意が伝わってくるかどうか。

　こういった受付の様子からでも，その会社の社員教育の程度や，新入社員採用に対する熱意とか期待を推し測ることができる。

2. 控え室の様子

　控え室が2カ所以上あって，国立大学と私立大学の訪問者とが，別々に案内されているようなことはないか。また，面談の順番を意図的に変えているようなことはないか。これはよくある例で，すでに大半は内定しているということを意味する場合が多い。

3. 社内の雰囲気

　社員の話し方，その内容を耳にはさむだけでも，社風が伝わってくる。

4. 面談の様子

　何時間も待たせたあげくに，きわめて事務的に，しかも投げやりな質問しかしないような採用担当者である場合，この会社は人事が適正に行われていないということだから，一考したほうがよい。

参考 ▶ 説明会での質問項目

・質問内容が抽象的でなく，具体性のあるものかどうか。

・質問内容は，現在の社会・経済・政治などの情況を踏まえた，大学生らしい高度で専門性のあるものか。

・質問をするのはいいが，「それでは，あなたの意見はどうか」と逆に聞かれたとき，自分なりの見解が述べられるものであるか。

提出する書類は6種類。①～③が大学に申請する書類，④～⑥が自分で書く書類だ。大学に申請する書類は一度に何枚も入手しておこう。

① 「卒業見込証明書」
② 「成績証明書」
③ 「健康診断書」
④ 「履歴書」
⑤ 「エントリーシート」
⑥ 「会社説明会アンケート」

■自分で書く書類は「自己PR」

第1次面接に進めるか否かは「自分で書く書類」の出来にかかっている。「履歴書」と「エントリーシート」は会社説明会に行く前に準備しておくもの。「会社説明会アンケート」は説明会の際に書き，その場で提出する書類だ。

01 履歴書とエントリーシートの違い

Webエントリーを受け付けている企業に資料請求をすると，資料と一緒に「エントリーシート」が送られてくるので，応募サイトのフォームやメールでエントリーシートを送付する。Webエントリーを行っていない企業には，ハガキやメールで資料請求をする必要があるが，「エントリーシート」は履歴書とは異なり，企業が設定した設問に対して回答するもの。すなわちこれが「1次試験」であり，これにパスをした人だけが会社説明会に呼ばれる。

■字はていねいに

字を書くところから，その企業に対する"本気度"は測られている。

■誤字，脱字は厳禁

使用するのは，黒のインク。

■修正液使用は不可

■数字は算用数字

■自分の広告を作るつもりで書く

自分はこういう人間であり，何がしたいかということを簡潔に書く。メリットになることだけで良い。自分に損になるようなことを書く必要はない。

■「やる気」を示す具体的なエピソードを

「私はやる気があります」「私は根気があります」という抽象的な表現だけではNG。それを示すエピソードのようなものを書かなくては意味がない。

─**Point**─

自己紹介欄の項目はすべて「自己PR」。自分はこういう人間であることを印象づけ，それがさらに企業への「志望動機」につながっていくような書き方をする。

column 履歴書やエントリーシートは，共通でもいい？

「履歴書」や「エントリーシート」は企業によって書き分ける。業種はもちろん，同じ業界の企業であっても求めている人材が違うからだ。各書類は提出前にコピーを取り，さらに出した企業名を忘れずに書いておくことも大切だ。

履歴書記入のPoint

写真	スナップ写真は不可。 スーツ着用で,胸から上の物を使用する。ポイントは「清潔感」。 氏名・大学名を裏書きしておく。
日付	郵送の場合は投函する日,持参する場合は持参日の日付を記入する。
生年月日	西暦は避ける。元号を省略せずに記入する。
氏名	戸籍上の漢字を使う。印鑑押印欄があれば忘れずに押す。
住所	フリガナ欄がカタカナであればカタカナで,平仮名であれば平仮名で記載する。
学歴	最初の行の中央部に「学□□歴」と2文字程度間隔を空けて,中学校卒業から大学(卒業・卒業見込み)まで記入する。 中途退学の場合は,理由を簡潔に記載する。留年は記入する必要はない。 職歴がなければ,最終学歴の一段下の行の右隅に,「以上」と記載する。
職歴	最終学歴の一段下の行の中央部に「職□□歴」と2文字程度間隔を空け記入する。 「株式会社」や「有限会社」など,所属部門を省略しないで記入する。 「同上」や「〃」で省略しない。 最終職歴の一段下の行の右隅に,「以上」と記載する。
資格・免許	4級以下は記載しない。学習中のものも記載して良い。 「普通自動車第一種運転免許」など,省略せずに記載する。
趣味・特技	具体的に(例:読書でもジャンルや好きな作家を)記入する。
志望理由	その企業の強みや良い所を見つけ出したうえで,「自分の得意な事」がどう活かせるかなどを考えぬいたものを記入する。
自己PR	応募企業の事業内容や職種にリンクするような,自分の経験やスキルなどを記入する。
本人希望欄	面接の連絡方法,希望職種・勤務地などを記入する。「特になし」や空白はNG。
家族構成	最初に世帯主を書き,次に配偶者,それから家族を祖父母,兄弟姉妹の順に。続柄は,本人から見た間柄。兄嫁は,義姉と書く。
健康状態	「良好」が一般的。

01 エントリーシートの目的

・応募者を，決められた採用予定者数に絞り込むこと
・面接時の資料にする
の2つ。

■知りたいのは職務遂行能力

採用担当者が学生を見る場合は，「こいつは与えられた仕事をこなせるかどう
か」という目で見ている。企業に必要とされているのは仕事をする能力なのだ。

Point

質問に忠実に，"自分がいかにその会社の求める人材に当てはまるか"を
丁寧に答えること。

02 効果的なエントリーシートの書き方

■情報を伝える書き方

課題をよく理解していることを相手に伝えるような気持ちで書く。

■文章力

大切なのは全体のバランスが取れているか。書く前に，何をどれくらいの字
数で収めるか計算しておく。

「起承転結」でいえば，「起」は，文章を起こす導入部分。「承」は，起を受け
て，その提起した問題に対して承認を求める部分。「転」は，自説を展開する
部分。もっともオリジナリティが要求される。「結」は，最後の締めの結論部分。
文章の構成・まとめる力で，総合的な能力が高いことをアピールする。

表現力, 理解力のチェックポイント

❏ 文法, 語法が正しいかどうか
❏ 論旨が論理的で一貫しているかどうか
❏ 1センテンスが簡潔かどうか
❏ 表現が統一されているかどうか (「です, ます」調か「だ, である」調か)

01 個人面接

●自由面接法

　面接官と受験者のキャラクターやその場の雰囲気，質問と応答の進行具合などによって雑談形式で自由に進められる。

●標準面接法

　自由面接法とは逆に，質問内容や評価の基準などがあらかじめ決まっている。実際には自由面接法と併用で，おおまかな質問事項や判定基準，評価ポイントを決めておき，質疑応答の内容上の制限を緩和しておくスタイルが一般的。1次面接などでは標準面接法をとり，2次以降で自由面接法をとる企業も多い。

●非指示面接法

　受験者に自由に発言してもらい，面接官は話題を引き出したりするときなど，最小限の質問をするという方法。

●圧迫面接法

　わざと受験者の精神状態を緊張させ，受験者がどのような応答をするかを観察し，判定する。受験者は，冷静に対応することが肝心。

02 集団面接

　面接の方法は個人面接と大差ないが，面接官がひとつの質問をして，受験者が順にそれに答えるという方法と，面接官が司会役になって，座談会のような形式で進める方法とがある。

　座談会のようなスタイルでの面接は，なるべく受験者全員が関心をもっているような話題を取りあげ，意見を述べさせるという方法。この際，司会役以外の面接官は一言も発言せず，判定・評価に専念する。

　グループディスカッション（以下，GD）の時間は30～60分程度，1グループの人数は5～10人程度で，司会は面接官が行う場合や，時間を決めて学生が交替で行うことが多い。面接官は内容については特に指示することはなく，受験者がどのようにGDを進めるかを観察する。

　評価のポイントは，全体的には理解力，表現力，指導性，積極性，協調性など，個別的には性格，知識，適性などが観察される。

　GDの特色は，集団の中での個人ということで，受験者の能力がどの程度のものであるか，また，どのようなことに向いているかを判定できること。受験者は，グループの中における自分の位置を面接官に印象づけることが大切だ。

グループディスカッション方式の面接におけるチェックポイント

- ❑全体の中で適切な論点を提供できているかどうか。
- ❑問題解決に役立つ知識を持っているか，また提供できているかどうか。
- ❑もつれた議論を解きほぐし，的はずれの議論を元に引き戻す努力をしているかどうか。
- ❑グループ全体としての目標をいつも考えているかどうか。
- ❑感情的な対立や攻撃をしかけているようなことはないか。
- ❑他人の意見に耳を傾け，よい意見には賛意を表し，それを全体に推し広げようという寛大さがあるかどうか。
- ❑議論の流れを自然にリードするような主導性を持っているかどうか。
- ❑提出した意見が議論の進行に大きな影響を与えているかどうか。

04 面接時の注意点

●控え室

　控え室には，指定された時間の15分前には入室しよう。そこで担当の係から，面接に際しての注意点や手順の説明が行われるので，疑問点は積極的に聞くようにし，心おきなく面接にのぞめるようにしておこう。会社によっては，所定のカードに必要事項を書き込ませたり，お互いに自己紹介をさせたりする場合もある。また，この控え室での行動も細かくチェックして，合否の資料にしている会社もある。

●入室・面接開始

係員がドアの開閉をしてくれる場合もあるが，それ以外は軽くノックして入室し，必ずドアを閉める。そして入口近くで軽く一礼し，面接官か補助員の「どうぞ」という指示で正面の席に進み，ここで再び一礼をする。そして，学校名と氏名を名のって静かに着席する。着席時は，軽く椅子にかけるようにする。

●面接終了と退室

面接の終了が告げられたら，椅子から立ち上がって一礼し，椅子をもとに戻して，面接官または係員の指示を受けて退室する。

その際も，ドアの前で面接官のほうを向いて頭を下げ，静かにドアを開閉する。控え室に戻ったら，係員の指示を受けて退社する。

05 面接試験の評定基準

●協調性

企業という「集団」では，他人との協調性が特に重視される。

感情や態度が円満で調和がとれていること，極端に好悪の情が激しくなく，物事の見方や考え方が穏健で中立であることなど，職場での人間関係を円滑に進めていくことのできる人物かどうかが評価される。

●話し方

外観印象的には，言語の明瞭さや応答の態度そのものがチェックされる。小さな声で自信のない発言，乱暴野卑な発言は減点になる。

考えをまとめたら，言葉を選んで話すくらいの余裕をもって，真剣に応答しようとする姿勢が重視される。軽率な応答をしたり，まして発言に矛盾を指摘されるような事態は極力避け，もしそのような状況になりそうなときは，自分の非を認めてはっきりと謝るような態度を示すべき。

●好感度

実社会においては，外観による第一印象が，人間関係や取引に大きく影響を及ぼす。

「フレッシュな爽やかさ」に加え，入社志望など，自分の意思や希望をより明確にすることで，強い信念に裏づけられた姿勢をアピールできるよう努力したい。

●判断力

何を質問されているのか，何を答えようとしているのか，常に冷静に判断していく必要がある。

●表現力

話に筋道が通り理路整然としているか，言いたいことが簡潔に言えるか，話し方に抑揚があり聞く者に感銘を与えるか，用語が適切でボキャブラリーが豊富かどうか。

●積極性

活動意欲があり，研究心旺盛であること，進んで物事に取り組み，創造的に解決しようとする意欲が感じられること，話し方にファイトや情熱が感じられること，など。

●計画性

見通しをもって順序よく合理的に仕事をする性格かどうか，またその能力の有無。企業の将来性のなかに，自分の将来をどうかみ合わせていこうとしているか，現在の自分を出発点として，何を考え，どんな仕事をしたいのか。

●安定性

情緒の安定は，社会生活に欠くことのできない要素。自分自身をよく知っているか，他の人に流されない信念をもっているか。

●誠実性

自分に対して忠実であろうとしているか，物事に対してどれだけ誠実な考え方をしているか。

●社会性

企業は集団活動なので，自分の考えに固執したり，不平不満が多い性格は向かない。柔軟で適応性があるかどうか。

清潔感や明朗さ，若々しさといった**外観面**も重視される。

06 面接試験の質問内容

1. 志望動機

受験先の概要や事業内容はしっかりと頭の中に入れておく。また，その企業の企業活動の社会的意義と，自分自身の志望動機との関連を明確にしておく。「安定している」「知名度がある」「将来性がある」といった利己的な動機，「自

分の性格に合っている」というような，あいまいな動機では説得力がない。安定性や将来性は，具体的にどのような企業努力によって支えられているのかという考察も必要だし，それに対する受験者自身の評価や共感なども問われる。

①どうしてその業種なのか

②どうしてその企業なのか

③どうしてその職種なのか

以上の①～③と，自分の性格や資質，専門などとの関連性を説明できるようにしておく。

自分がどうしてその会社を選んだのか，どこに大きな魅力を感じたのかを，できるだけ具体的に，情熱をもって語ることが重要。自分の長所と仕事の適性を結びつけてアピールし，仕事のやりがいや仕事に対する興味を述べるのもよい。

■複数の企業を受験していることは言ってもいい？

同じ職種，同じ業種で何社かかけもちしている場合，正直に答えてもかまわない。しかし，「第一志望はどこですか」というような質問に対して，正直に答えるべきかどうかというと，やはりこれは疑問がある。どんな会社でも，他社を第一志望にあげられれば，やはり愉快には思わない。

また，職種や業種の異なる会社をいくつか受験する場合も同様で，極端に性格の違う会社をあげれば，その矛盾を突かれるのは必至だ。

2. 仕事に対する意識・職業観

採用試験の段階では，次年度の配属予定が具体的に固まっていない会社もかなりある。具体的に職種や部署などを細分化して募集している場合は別だが，そうでない場合は，希望職種をあまり狭く限定しないほうが賢明。どの業界においても，採用後，新入社員には，研修としてその会社の各セクションをひと通り経験させる企業は珍しくない。そのうえで，具体的な配属計画を検討するのだ。

大切なことは，就職や職業というものを，自分自身の生き方の中にどう位置づけるか，また，自分の生活の中で仕事とはどういう役割を果たすのかを考えてみること。つまり自分の能力を活かしたい，社会に貢献したい，自分の存在価値を社会的に実現してみたい，ある分野で何か自分の力を試してみたい……，などの場合を考え，それを自分自身の人生観，志望職種や業種などとの関係を考えて組み立ててみる。自分の人生観をもとに，それを自分の言葉で表現できるようにすることが大切。

3. 自己紹介・自己PR

性格そのものを簡単に変えたり，欠点を克服したりすることは実際には難しいが，"仕方がない"という姿勢を見せることは禁物で，どんなささいなことでも，努力している面をアピールする。また一般的にいって，専門職を除けば，就職時になんらかの資格や技能を要求する企業は少ない。

ただ，資格をもっていれば採用に有利とは限らないが，専門性を要する業種では考慮の対象とされるものもある。たとえば英検，簿記など。

企業が学生に要求しているのは，4年間の勉学を重ねた学生が，どのように仕事に有用であるかということで，学生の知識や学問そのものを聞くのが目的ではない。あくまで，社会人予備軍としての謙虚さと素直さを失わないようにする。

知識や学力よりも，その人の人間性，ビジネスマンとしての可能性を重視するからこそ，面接担当者は，学生生活全般について尋ねることで，書類だけでは分からない人間性を探ろうとする。

何かうち込んだものや思い出に残る経験などは，その人の人間的な成長になんらかの作用を及ぼしているものだ。どんな経験であっても，そこから受けた印象や教訓などは，明確に答えられるようにしておきたい。

4. 一般常識・時事問題

一般常識・時事問題については筆記試験の分野に属するが，面接でこうしたテーマがもち出されることも珍しくない。受験者がどれだけ社会問題に関心をもっているか，一般常識をもっているか，また物事の見方・考え方に偏りがないかなどを判定する。知識や教養だけではなく，一問一答の応答を通じて，その人の性格や適応能力まで判断されることになる。

07 面接に向けての事前準備

■面接試験1カ月前までには万全の準備をととのえる

●志望会社・職種の研究

新聞の経済欄や経済雑誌などのほか，会社年鑑，株式情報など書物による研究をしたり，インターネットにあがっている企業情報や，検索によりさまざまな角度から調べる。すでにその会社へ就職している先輩や知人に会って知識を得たり，大学のキャリアセンターへ情報を求めるなどして総合的に判断する。

■専攻科目の知識・卒論のテーマなどの整理

大学時代にどれだけ勉強してきたか，専攻科目や卒論のテーマなどを整理しておく。

■**時事問題に対する準備**

毎日欠かさず新聞を読む。志望する企業の話題は，就職ノートに整理するなどもアリ。

<table>
<tr><td>面接当日の必需品</td></tr>
</table>

❏必要書類（履歴書，卒業見込証明書，成績証明書，健康診断書，推薦状）

❏学生証

❏就職ノート（志望企業ファイル）

❏印鑑，朱肉

❏筆記用具（万年筆，ボールペン，サインペン，シャープペンなど）

❏手帳，ノート

❏地図（訪問先までの交通機関などをチェックしておく）

❏現金（小銭も用意しておく）

❏腕時計（オーソドックスなデザインのもの）

❏ハンカチ，ティッシュペーパー

❏くし，鏡（女性は化粧品セット）

❏シューズクリーナー

❏ストッキング

❏折りたたみ傘（天気予報をチェックしておく）

❏携帯電話，充電器

理論編 STEP6 筆記試験の種類

■一般常識試験

Point

社会人として企業活動を行ううえで最低限必要となる一般常識のほか，
英語，国語，社会(時事問題)，数学などの知識の程度を確認するもの。

　難易度はおおむね中学・高校の教科書レベル。一般常識の問題集を1冊やっ
ておけばよいが，業界によっては専門分野が出題されることもあるため，必ず
志望する企業のこれまでの試験内容は調べておく。

■一般常識試験の対策

・英語　慣れておくためにも，教科書を復習する，英字新聞を読むなど。

・国語　漢字，四字熟語，反対語，同音異義語，ことわざをチェック。

・時事問題　新聞や雑誌,テレビ,ネットニュースなどアンテナを張っておく。

■適性検査

　SPI（Synthetic Personality Inventory）試験（SPI3試験）とも呼ばれ，能力
テストと性格テストを合わせたもの。

　能力テストでは国語能力を測る「言語問題」と，数学能力を測る「非言語問題」
がある。言語的能力，知覚能力，数的能力のほか，思考・推理能力，記憶力，
注意力などの問題で構成されている。

　性格テストは「はい」か「いいえ」で答えていく。仕事上の適性と性格の傾向
などが一致しているかどうかをみる。

Point

SPIは職務への適応性を客観的にみるためのもの。

01 「論文」と「作文」

　一般に「論文」はあるテーマについて自分の意見を述べ，その論証をする文章で，必ず意見の主張とその論証という2つの部分で構成される。問題提起と論旨の展開，そして結論を書く。

　「作文」は，一般的には感想文に近いテーマ，たとえば「私の興味」「将来の夢」といったものがある。

　就職試験では「論文」と「作文」を合わせた"論作文"とでもいうようなものが出題されることが多い。

　論作文試験とは，「文章による面接」。テーマに書き手がどういう態度を持っているかを知ることが，出題の主な目的だ。受験者の知識・教養・人生観・社会観・職業観，そして将来への希望などが，どのような思考を経て，どう表現されているかによって，企業にとって，必要な人物かどうかを判断している。

　論作文の場合には，書き手の社会的意識や考え方に加え，「感銘を与える」働きが要求される。就職活動とは，企業に対し「自分をアピールすること」だということを常に念頭に置いておきたい。

Point

論文と作文の違い

	論　文	作　文
テーマ	学術的・社会的・国際的なテーマ。時事，経済問題など	個人的・主観的なテーマ。人生観，職業観など
表現	自分の意見や主張を明確に述べる。	自分の感想を述べる。
展開	四段型（起承転結）の展開が多い。	三段型（はじめに・本文・結び）の展開が多い。
文体	「だ調・である調」のスタイルが多い。	「です調・ます調」のスタイルが多い。

- ・テーマ

与えられた課題（テーマ）を，受験者はどのように理解しているか。

出題されたテーマの意義をよく考え，それに対する自分の意見や感情が，十分に整理されているかどうか。

- ・表現力

課題について本人が感じたり，考えたりしたことを，文章で的確に表しているか。

- ・字・用語・その他

かなづかいや送りがなが合っているか，文中で引用されている格言やことわざの類が使用法を間違えていないか，さらに誤字・脱字に至るまで，文章の基本的な力が受験者の人柄ともからんで厳密に判定される。

- ・オリジナリティ

魅力がある文章とは，オリジナリティを率直に出すこと。自分の感情や意見を，自分の言葉で表現する。

- ・生活態度

文章は，書き手の人格や人柄を映し出す。平素の社会的関心や他人との協調性，趣味や読書傾向はどうであるかといった，受験者の日常における生き方，生活態度がみられる。

- ・字の上手・下手

できるだけ読みやすい字を書く努力をする。また，制限字数より文章が長くなって原稿用紙の上下や左右の空欄に書き足したりすることは避ける。消しゴムで消す場合にも，丁寧に。

いずれの場合でも，表面的な文章力を問うているのではなく，受験者の人柄のほうを重視している。

実践編 マナーチェックリスト

就活において企業の人事担当は，面接試験やOG／OB訪問，そして面接試験において，あなたのマナーや言葉遣いといった，「常識力」をチェックしている。現在の自分はどのくらい「常識力」が身についているかをチェックリストで振りかえり，何ができて，何ができていないかを明確にしたうえで，今後の取り組みに生かしていこう。

評価基準 5：大変良い　4：やや良い　3：どちらともいえない　2：やや悪い　1：悪い

	項　目	評　価	メ　モ
挨拶	明るい笑顔と声で挨拶をしているか		
	相手を見て挨拶をしているか		
	相手より先に挨拶をしているか		
	お辞儀を伴った挨拶をしているか		
	直接の応対者でなくても挨拶をしているか		
表情	笑顔で応対しているか		
	表情に私的感情がでていないか		
	話しかけやすい表情をしているか		
	相手の話は真剣な顔で聞いているか		
身だしなみ	前髪は目にかかっていないか		
	髪型は乱れていないか／長い髪はまとめているか		
	髭の剃り残しはないか／化粧は健康的か		
	服は汚れていないか／清潔に手入れされているか		
	機能的で職業・立場に相応しい服装をしているか		
	華美なアクセサリーはつけていないか		
	爪は伸びていないか		
	靴下の色は適当か／ストッキングの色は自然な肌色か		
	靴の手入れは行き届いているか		
	ポケットに物を詰めすぎていないか		

項　目	評　価	メ　モ
言葉遣い 専門用語を使わず，相手にわかる言葉で話しているか		
状況や相手に相応しい敬語を正しく使っているか		
相手の聞き取りやすい音量・速度で話しているか		
語尾まで丁寧に話しているか		
気になる言葉癖はないか		
動作 物の授受は両手で丁寧に実施しているか		
案内・指し示し動作は適切か		
キビキビとした動作を心がけているか		
心構え 勤務時間・指定時間の5分前には準備が完了しているか		
心身ともに健康管理をしているか		
仕事とプライベートの切替えができているか		

✓ 常に自己点検をするクセをつけよう

「人を表情やしぐさ，身だしなみなどの見かけで判断してはいけない」と一般にいわれている。確かに，人の個性は見かけだけではなく，内面においても見いだされるもの。しかし，私たちは人を第一印象である程度決めてしまう傾向がある。それが面接試験など初対面の場合であればなおさらだ。したがって，チェックリストにあるような挨拶，表情，身だしなみ等に注意して面接試験に臨むことはとても重要だ。ただ，これらは面接試験前にちょっと対策したからといって身につくようなものではない。付け焼き刃的な対策をして面接試験に臨んでも，面接官はあっという間に見抜いてしまう。日頃からチェックリストにあるような項目を意識しながら行動することが大事であり，そうすることで，最初はぎこちない挨拶や表情等も，その人の個性に応じたすばらしい所作へ変わっていくことができるのだ。さっそく，本日から実行してみよう。

面接試験において，印象を決定づける表情はとても大事。
どのようにすれば感じのいい表情ができるのか，ポイントを確認していこう。

明るく,温和で
柔らかな表情をつくろう

人間関係の潤滑油

表情に関しては，まずは豊かであるということがベースになってくる。うれしい表情，困った表情，驚いた表情など，さまざまな気持ちを表現できるということが，人間関係を潤いのあるものにしていく。

Point

　表情はコミュニケーションの大前提。相手に「いつでも話しかけてくださいね」という無言の言葉を発しているのが，就活に求められる表情だ。面接官が安心してコミュニケーションをとろうと思ってくれる表情。それが，明るく，温和で柔らかな表情となる。

いますぐデキる
カンタンTraining

Training 01

喜怒哀楽を表してみよう

- ・人との出会いを楽しいと思うことが表情の基本
- ・表情を豊かにする大前提は相手の気持ちに寄り添うこと
- ・目元・口元だけでなく，眉の動きを意識することが大事

Training 02

表情筋のストレッチをしよう

- ・表情筋は「ウイスキー」の発音によって鍛える
- ・意識して毎日，取り組んでみよう
- ・笑顔の共有によって相手との距離が縮まっていく

コミュニケーションは挨拶から始まり，その挨拶ひとつで印象は変わるもの。
ポイントを確認していこう。

丁寧にしっかりと
はっきり挨拶をしよう

人間関係の第一歩

挨拶は心を開いて，相手に近づくコ
ミュニケーションの第一歩。たかが
挨拶，されど挨拶の重要性をわきま
えて，きちんとした挨拶をしよう。形，
つまり"技"も大事だが，心をこめ
ることが最も重要だ。

Point

　　挨拶はコミュニケーションの第一歩。相手が挨拶するのを待っているの
は望ましくない。挨拶の際のポイントは丁寧であることと，はっきり声に出
すことの2つ。丁寧な挨拶は，相手を大事にして迎えている気持ちの表れ
となる。はっきり声に出すことで，これもきちんと相手を迎えていることが
伝わる。また，相手もその応答として挨拶してくれることで，会ってすぐに
双方向のコミュニケーションが成立する。

いますぐデキる
カンタンTraining

Training **01**

３つのお辞儀をマスターしよう

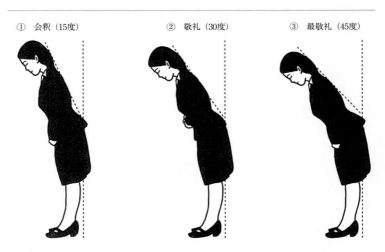

① 会釈（15度）　② 敬礼（30度）　③ 最敬礼（45度）

・息を吸うことを意識してお辞儀をするとキレイな姿勢に
・目線は真下ではなく，床前方1.5m先ぐらいを見よう
・相手への敬意を忘れずに

Training **02**

対面時は言葉が先，お辞儀が後

・相手に体を向けて先に自ら挨拶をする
・挨拶時，相手とアイコンタクトを
　しっかり取ろう
・挨拶の後に，お辞儀をする。
　これを「語先後礼」という

コミュニケーションは「話す」よりも「聞く」ことといわれる。相手が話しやすい聞き方の，ポイントを確認しよう。

受容の立場で
傾聴しよう

相手の話を受けとめる

話を聞くときは，やや前に傾く姿勢をとる。表情と姿勢が合わさることにより，話し手の心が開き「あれも，これも話そう」という気持ちになっていく。また，「はい」と一度のお辞儀で頷くと相手の話を受け止めているというメッセージにつながる。

Point

　話をすること，話を聞いてもらうことは誰にとってもプレッシャーを伴うもの。そのため，「何でも話して良いんですよ」「何でも話を聞きますよ」「心配しなくて良いんですよ」という気持ちで聞くことが大切になる。その気持ちが聞く姿勢に表れれば，相手は安心して話してくれる。

カンタンTraining

Training 01

頷きは一度で

- 相手が話した後に「はい」と
  一言発する
- 頷きすぎは逆効果

Training 02

目線は自然に

- 鼻の付け根あたりを見ると
  自然な印象に
- 目を見つめすぎるのはNG

Training 03

話の句読点で視線を移す

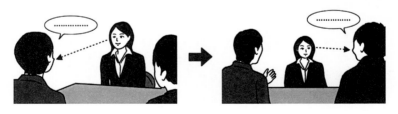

- 視線は話している人を見ることが基本
- 複数の人の話を聞くときは句読点を意識し，
  視線を振り分けることで聞く姿勢を表す

STEP4 　伝わる話し方

自分の意思を相手に明確に伝えるためには，話し方が重要となる。はっきりと的確に話すためのポイントを確認しよう。

明るい発声を
心がけよう

ボリュームを意識して

話すときのポイントとしては，ボリュームを意識することが挙げられる。会議室の一番奥にいる人に声が届くように意識することで，声のボリュームはコントロールされていく。

Point

　コミュニケーションとは「伝達」すること。どのようなことも，適当に伝えるのではなく，伝えるべきことがきちんと相手に届くことが大切になる。そのためには，はっきりと，分かりやすく，丁寧に，心を込めて話すこと。言葉だけでなく，表情やジェスチャーを加えることも有効。

いますぐデキる
カンタンTraining

Training **01**
腹式呼吸で発声練習

- 「あえいうえおあお」と発声する
- 腹式呼吸は，胸部をなるべく動かさずに，息を吸うときにお腹や腰が膨らむよう意識する呼吸法

Training **02**
早口言葉にチャレンジ

> おあやや
> 母親に
> お謝り

- 「おあやや，母親に，お謝り」と早口で
- 口がすぼまった「お」と口が開いた「あ」の発音に，変化をつけられるかがポイント

Training **03**
ジェスチャーを有効活用

- 腰より上でジェスチャーをする
- 体から離した位置に手をもっていく
- ジェスチャーをしたら戻すところをさだめておく

身だしなみはその人自身を表すもの。身だしなみの基本について，ポイントを確認しよう。

清潔感,さわやかさを醸し出せるようにしよう

プロの企業人にふさわしい身だしなみを

信頼感，安心感をもたれる身だしなみを考えよう。TPOに合わせた服装は，すなわち"礼"を表している。そして，身だしなみには，「清潔感」，「品のよさ」，「控え目である」という，3つのポイントがある。

Point

相手との心理的な距離や物理的な距離が遠ければ，コミュニケーションは成立しにくくなる。見た目が不潔では誰も近付いてこない。身だしなみが清潔であること，爽やかであることは相手との距離を縮めることにも繋がる。

カンタンTraining

Training 01

髪型，服装を整えよう

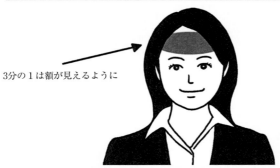

3分の1は額が見えるように

- 男性も女性も眉が見える髪型が望ましい。3分の1は額が見えるように。額は知性と清潔感を伝える場所。男性の髪の長さは耳や襟にかからないように
- スーツで相手の前に立つときは，ボタンはすべて留める。男性の場合は下のボタンは外す

Training 02

おしゃれとの違いを明確に

- 爪はできるだけ切りそろえる
- 爪の中の汚れにも注意
- ジェルネイル，ネイルアートはNG

Training 03

足元にも気を配って

- 女性の場合はパンプス，男性の場合は黒の紐靴が望ましい
- 靴はこまめに汚れを落とし見栄えよく

姿勢にはその人の意欲が反映される。前向き，活動的な姿勢を表すにはどうしたらよいか，ポイントを確認しよう。

前向き,活動的な
姿勢を維持しよう

一直線と左右対称

正しい立ち姿として，耳，肩，腰，くるぶしを結んだ線が一直線に並んでいることが最大のポイントになる。そのラインが直線に近づくほど立ち姿がキレイに整っていることになる。また，"左右対称"というのもキレイな姿勢の要素のひとつになる。

Point

　姿勢は，身体と心の状態を反映するもの。そのため，良い姿勢でいることは，印象が清々しいだけでなく，健康で元気そうに見え，話しかけやすさにも繋がる。歩く姿勢，立つ姿勢，座る姿勢など，どの場面にも心身の健康状態が表れるもの。日頃から心身の健康状態に気を配り，フィジカルとメンタル両面の自己管理を心がけよう。

いますぐデキる
カンタンTraining

Training 01

キレイな歩き方を心がけよう

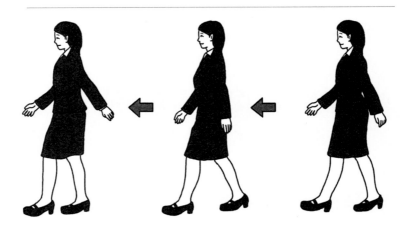

- 女性は1本の線上を，男性はそれよりも太い線上を沿うように歩く
- 一歩踏み出したときに前の足に体重を乗せるように，腰から動く
- 12時の方向につま先をもっていく

Training 02

前向きな気持ちを持とう

- 常に前向きな気持ちが姿勢を正す
- ポジティブ思考を心がけよう

言葉遣いの正しさはとは，場面にあった言葉を遣うということ。相手を気づかいながら，言葉を選ぶことで，より正しい言葉に近づいていく。

相手と場面に合わせた
ふさわしい言葉遣いを

次の文は接客の場面でよくある間違えやすい敬語です。
それぞれの言い方は○×どちらでしょうか。

問1 「資料をご拝読いただきありがとうございます」

問2 「こちらのパンフレットはもういただかれましたか？」

問3 「恐れ入りますが，こちらの用紙にご記入してください」

問4 「申し訳ございませんが，来週，休ませていただきます」

問5 「先ほどの件，帰りましたら上司にご報告いたしますので」

Point

　ビジネスのシーンに敬語は欠くことができない。何度もやり取りをしていく中で，親しさの度合いによっては，あえてくだけた表現を用いることもあるが，「親しき仲にも礼儀あり」と言われるように，敬意や心づかいをおろそかにしてはいけないもの。相手に誤解されたり，相手の気分を壊すことのないように，相手や場面にふさわしい言葉遣いが大切になる。

解答と解説

問1 （×）　○正しい言い換え例

→「ご覧いただきありがとうございます」など

「拝読」は自分が「読む」意味の謙譲語なので，相手の行為に使うのは誤り。読むと見るは同義なため，多く，見るの尊敬語「ご覧になる」が用いられる。

問2 （×）　○正しい言い換え例

→「お持ちですか」「お渡ししましたでしょうか」　など

「いただく」は，食べる・飲む・もらうの謙譲語。「もらったかどうか」と聞きたいのだから，「おもらいになりましたか」と言えないこともないが，持っているかどうか，受け取ったかどうかという意味で「お持ちですか」などが使われることが多い。また，自分側が渡すような場合は，「お渡しする」を使って「お渡ししましたでしょうか」などの言い方に換えることもできる。

問3 （×）　○正しい言い換え例

→「恐れ入りますが，こちらの用紙にご記入ください」など

「ご記入する」の「お（ご）～する」は謙譲語の形。相手の行為を謙譲語で表すことになるため誤り。「して」を取り除いて「ご記入ください」か，和語に言い換えて「お書きください」とする。ほかにも「お書き／ご記入・いただけますでしょうか・願います」などの表現もある。

問4 （△）

有給休暇を取る場合や，弔事等で休むような場面で，用いられることも多い。「休ませていただく」ということで一見丁寧に響くが，「来週休むと自分で休みを決めている」という勝手な表現にも受け取られかねない言葉だ。ここは同じ「させていただく」を用いても，相手の都合をうかがう言い方に換えて「○○がございまして，申し訳ございませんが，休みをいただいてもよろしいでしょうか」などの言い換えが好ましい。

問5 （×）○正しい言い換え例

→「上司に報告いたします」

「ご報告いたします」は，ソトの人との会話で使うとするならば誤り。「ご報告いたします」の「お・ご～いたす」は，「お・ご～する」と「～いたす」という2つの敬語を含む言葉。そのうちの「お・ご～する」は，主語である自分を低めて相手＝上司を高める働きをもつ表現（謙譲語Ⅰ）。一方「～いたす」は，主語の私を低めて，話の聞き手に対して丁重に述べる働きをもつ表現（謙譲語Ⅱ　丁重語）。「お・ご～する」も「～いたす」も同じ謙譲語であるため紛らわしいが，主語を低める（謙譲）という働きは同じでも，行為の相手を高める働きがあるかないかという点に違いがあるといえる。

● 情 報 提 供 の お 願 い ●

　就職活動研究会では，就職活動に関する情報を募集していま
す。

　エントリーシートやグループディスカッション，面接，筆記
試験の内容等について情報をお寄せください。ご応募はメール
アドレス（edit@kyodo-s.jp）へお願いいたします。お送りくださ
いました方々には薄謝をさしあげます。

　ご協力よろしくお願いいたします。

会社別就活ハンドブックシリーズ

武田薬品工業の
就活ハンドブック

編　者	就職活動研究会
発　行	令和6年2月25日
発行者	小貫輝雄
発行所	協同出版株式会社

〒101-0054
東京都千代田区神田錦町2-5
電話　03-3295-1341
振替　東京00190-4-94061

印刷所　協同出版・POD工場

落丁・乱丁はお取り替えいたします

●2025年度版●
会社別就活ハンドブックシリーズ
【全111点】

運　輸

東日本旅客鉄道の就活ハンドブック

東海旅客鉄道の就活ハンドブック

西日本旅客鉄道の就活ハンドブック

東京地下鉄の就活ハンドブック

小田急電鉄の就活ハンドブック

阪急阪神 HD の就活ハンドブック

商船三井の就活ハンドブック

日本郵船の就活ハンドブック

機　械

三菱重工業の就活ハンドブック

川崎重工業の就活ハンドブック

IHI の就活ハンドブック

島津製作所の就活ハンドブック

浜松ホトニクスの就活ハンドブック

村田製作所の就活ハンドブック

クボタの就活ハンドブック

金　融

三菱 UFJ 銀行の就活ハンドブック

三菱 UFJ 信託銀行の就活ハンドブック

みずほ FG の就活ハンドブック

三井住友銀行の就活ハンドブック

三井住友信託銀行の就活ハンドブック

野村證券の就活ハンドブック

りそなグループの就活ハンドブック

ふくおか FG の就活ハンドブック

日本政策投資銀行の就活ハンドブック

建設・不動産

三菱地所の就活ハンドブック

三井不動産の就活ハンドブック

積水ハウスの就活ハンドブック

大和ハウス工業の就活ハンドブック

鹿島建設の就活ハンドブック

大成建設の就活ハンドブック

清水建設の就活ハンドブック

資源・素材

旭旭化成グループの就活ハンドブック

東レの就活ハンドブック

ワコールの就活ハンドブック

関西電力の就活ハンドブック

日本製鉄の就活ハンドブック

中部電力の就活ハンドブック

九州電力の就活ハンドブック

自動車

トヨタ自動車の就活ハンドブック

本田技研工業の就活ハンドブック

デンソーの就活ハンドブック

日産自動車の就活ハンドブック

商　社

三菱商事の就活ハンドブック

住友商事の就活ハンドブック

丸紅の就活ハンドブック

三井物産の就活ハンドブック

伊藤忠商事の就活ハンドブック

双日の就活ハンドブック

豊田通商の就活ハンドブック

情報通信・IT

NTT データの就活ハンドブック

NTT ドコモの就活ハンドブック

野村総合研究所の就活ハンドブック

日本電信電話の就活ハンドブック

KDDI の就活ハンドブック

ソフトバンクの就活ハンドブック

楽天の就活ハンドブック

mixi の就活ハンドブック

グリーの就活ハンドブック

サイバーエージェントの就活ハンドブック

LINE ヤフーの就活ハンドブック

SCSK の就活ハンドブック

富士ソフトの就活ハンドブック

日本オラクルの就活ハンドブック

GMO インターネットグループ

オービックの就活ハンドブック

DTS の就活ハンドブック

TIS の就活ハンドブック

食品・飲料

サントリー HD の就活ハンドブック

味の素の就活ハンドブック

キリン HD の就活ハンドブック

アサヒグループ HD の就活ハンドブック

日本たばこ産業 の就活ハンドブック

日清食品グループの就活ハンドブック

山崎製パンの就活ハンドブック

キユーピーの就活ハンドブック

生活用品

資生堂の就活ハンドブック

花王の就活ハンドブック

武田薬品工業の就活ハンドブック

電気機器

三菱電機の就活ハンドブック	パナソニックの就活ハンドブック
ダイキン工業の就活ハンドブック	富士通の就活ハンドブック
ソニーの就活ハンドブック	キヤノンの就活ハンドブック
日立製作所の就活ハンドブック	京セラの就活ハンドブック
ＮＥＣの就活ハンドブック	オムロンの就活ハンドブック
富士フイルム HD の就活ハンドブック	キーエンスの就活ハンドブック

保　険

東京海上日動火災保険の就活ハンドブック	三井住友海上火災保険の就活ハンドブック
第一生命ホールディングスの就活ハンドブック	損保ジャパンの就活ハンドブック

メディア

日本印刷の就活ハンドブック	エイベックスの就活ハンドブック
博報堂 DY の就活ハンドブック	東宝の就活ハンドブック
TOPPAN ホールディングスの就活ハンドブック	

流通・小売

ニトリ HD の就活ハンドブック	ZOZO の就活ハンドブック
イオンの就活ハンドブック	

エンタメ・レジャー

オリエンタルランドの就活ハンドブック	任天堂の就活ハンドブック
アシックスの就活ハンドブック	カプコンの就活ハンドブック
バンダイナムコ HD の就活ハンドブック	セガサミー HD の就活ハンドブック
コナミグループの就活ハンドブック	タカラトミーの就活ハンドブック
スクウェア・エニックス HD の就活ハンドブック	

▼会社別就活ハンドブックシリーズにつきましては，協同出版
のホームページからもご注文ができます。詳細は下記のサイ
トでご確認下さい。
https://kyodo-s.jp/examination_company